LES
PROPOS AMOUREUX

MADAME VATINEL.
— MADEMOISELLE AURORE. —
VICTORINE.

par

CHAMPFLEURY.

Édition autorisée pour la Belgique et l'étranger,
interdite pour la France.

BRUXELLES,
OFFICE DE PUBLICITÉ,
Montagne de la Cour, 39.
1857

LES

PROPOS AMOUREUX.

C.

BRUXELLES. — TYP. DE J. VANBUGGENHOUDT,
Rue de Schaerbeek, 12.

COLLECTION HETZEL.

LES

PROPOS AMOUREUX

MADAME VATINELLE.
— MADEMOISELLE AURORE —
VICTORINE.

PAR

CHAMPFLEURY,

Édition autorisée pour la Belgique et l'Étranger,
interdite pour la France.

BRUXELLES,

A L'OFFICE DE PUBLICITÉ,

Montagne de la Cour, 49.

1857

PRÉFACE.

—

Il en est beaucoup qui sourient, même qui se moquent du jeune homme amoureux, et de ses adorations cent fois répétées, et de son bavardage touchant les qualités de celle qu'il aime. Ce sont des indifférents ou des sceptiques. Est-il rien, au contraire, de plus intéressant que d'écouter cet éternel jeune homme qui, depuis le commencement du monde, chante la même litanie d'amour avec des variations toujours neuves? Il me semble que j'entends ces tendres symphonies de Mozart, où le thème est composé d'une simple mélodie tout à

1

fait courte. Mais Mozart reprend sa mélodie, il la renverse, il la retourne ; de mélancolique, il la rend gaie ; elle était simple comme bonjour, elle devient spirituelle comme Figaro ; c'était tout à l'heure la douce lueur d'une lampe, la voilà changée en feu d'artifice ; de l'état tendre, elle passe à l'état passionné, du calme à la tourmente. C'est toujours la même phrase, malgré des travestissements, et on ne se lasserait pas de l'entendre, si Mozart ne s'en lassait le premier.

L'amour ressemble beaucoup à ces thèmes favoris de Mozart ; il est simple, et il sera toujours neuf, car chaque homme et chaque femme y apportent des variations perpétuelles qui font que les poëtes, les romanciers et les dramaturges seront toujours au delà des créations les plus étranges en mettant en scène l'amour sincère, qu'il palpite dans les jeunes cœurs de Roméo et Juliette, dans les forêts vierges de l'Inde, chez Vasantasena, ou qu'il déchire le cœur du Misanthrope en égouttant de l'absinthe dans chaque plaie.

Les moralistes, les physiologistes, les faiseurs de pensées et de maximes n'apprennent pas grand'chose sur l'amour ; le *fait* est bien autrement instructif et significatif ; aussi le roman, qui vit plutôt de faits encore que d'observations physiologiques, semble-t-il avoir été inventé pour expliquer l'amour, le rendre palpable, l'agrandir et le développer. Une femme distinguée me disait : « Qu'importe que quelques individus se soient brûlé la cervelle en se laissant prendre à la conclusion de *Werther?* Quand on a créé les chemins de fer, il y a eu beaucoup d'accidents; les chemins de fer n'en sont-ils pas moins un progrès immense? *Werther* a été un progrès. »

Voilà pourquoi j'aime à écouter un jeune homme ou une jeune femme me faire leur confidence ; je suis sûr d'avance de lire un beau livre, et je comprends les vieillards qui aiment à entendre la jeunesse parler d'amour: c'est un rayon de soleil de printemps qui vient réchauffer leurs vieux cœurs fatigués.

Ce que j'ai à raconter ne rentre ni dans le roman, ni dans la nouvelle, ni dans le conte; ce sont de simples récits que j'ai entendus de côté et d'autre, que je peux me permettre d'imprimer sans indiscrétion, car le narrateur l'a dû dire avant ou après moi à cinquante personnes. Les amoureux sont si bavards !

MADAME VATINEL.

Henry B... m'accrocha un jour dans la rue :

— Je sors de chez le docteur Soulacroix, me dit-il; quel homme ! Il m'a rendu triste pour au moins huit jours. Je vous déteste, vous autres réalistes, qui n'étudiez que les misères de la vie et qui prenez plaisir à étaler les guenilles de l'humanité. Ce docteur Soulacroix est encore un réaliste, et de la pire espèce. Le connais-tu ?

— Non, lui dis-je.

— Eh bien, en deux mots, c'est un homme de cinquante ans, qui ne voit que le mal dans la société et qui, s'appuyant sur cette doctrine, arrive presque toujours à pronostiquer juste.

— Alors, dis-je à Henri, si cet homme te chagrine, il ne faut pas le voir.

— J'avais besoin de lui, et il m'a dit ce que je voulais savoir.

— Ce n'est donc pas un être inutile, puisqu'il t'a rendu service.

— Aujourd'hui, je suis content de l'avoir vu, quoiqu'il m'ait rendu triste; mais il n'en est pas moins cause de tout ce qui est arrivé. Écoute bien mon histoire, et tu verras si le docteur Soulacroix a eu raison. Je demeurais dans une maison bourgeoise qui se composait d'un mari, d'une femme et d'un enfant. Le mari avait trente-six ans, la femme vingt-huit et l'enfant six. Ils étaient mariés depuis huit ans et vivaient moitié tranquillement, moitié ennuyeusement, sans grande affection de part ni d'autre, mais sans ces combats intérieurs de ménage qui sont pires que des coups. Il y avait deux ans que mon père m'avait mis en pension dans cette maison, espérant que je ferais plus tranquillement mes études de médecine, vivant presque en famille. Il n'avait pas consenti à me laisser vivre seul dans le quartier latin, où les jeunes gens ont trop de liberté et trop d'occasions de débauche. Comme j'aime beaucoup mon père, j'obéis; d'ailleurs, la vie des

étudiants n'a pas grand charme pour moi. Je veux
devenir un médecin sérieux. Si je croyais n'étudier que pour donner des consultations en province, m'enterrer loin de Paris avec quelques
observations d'hôpitaux, j'abandonnerais immédiatement la médecine ; mais tout est à découvrir,
j'ai des découvertes plein mon cerveau, je le sens,
je n'ose le dire encore, parce que mes amis en
riraient. Crois-le, tu verras si je ne deviens pas
un jour un médecin illustre ! J'ai eu le bonheur
d'étudier en province sous un vieillard intelligent,
chirurgien d'un hôpital, et qui m'aimait beaucoup.
« Mon ami, me disait-il, souvenez-vous que nous
ne savons rien à l'heure qu'il est ; mais nos fils
peuvent savoir beaucoup. Si jamais vous allez à
Paris, ne perdez pas une minute, étudiez jour et
nuit ; suivez tous les cours, ne manquez pas de les
résumer aussitôt d'après vos notes ; allez à l'hôpital et disséquez le plus que vous pourrez. »
Heureusement pour moi, j'avais jeté mon feu
en province. Il y a des grisettes partout, et je les
connaissais aussi bien que si j'avais fait dix ans
d'études à la Chaumière. C'est bien ce qui in-
quiétait mon père, qui ne voulut me laisser étudier
à Paris qu'à la condition que je demeurerais chez
une de ses connaissances, le mari dont je t'ai parlé.
Quand au bout de trois mois j'eus reconnu que les
estaminets de Paris ne différaient guère de ceux de

la province; — peut-être y buvait-on plus de bière !
quand j'eus remarqué que les femmes des bals
publics étaient moins fraîches qu'en province et
que la seule différence venait de ce qu'on les appelait *madame* au lieu de *mademoiselle*, je me remis
au travail avec acharnement; et ce qui m'a poussé
le plus dans les études sérieuses a été principale-
ment votre connaissance. En y réfléchissant, je me
dis : Voilà des jeunes gens poëtes, peintres, musiciens, qui ne se contentent pas de comprendre
ce qui a été fait avant eux, ils veulent faire autre
chose. Cet orgueil n'existe pas assez parmi les
étudiants en médecine; ils se contentent d'être de
bons interprètes de la science connue, ils ne cherchent pas. Cela vient sans doute de la méthode
d'enseigner de l'Académie, qui reçoit avec enthousiasme un jeune docteur qui sait à merveille tout
ce qui est contenu dans les livres des académiciens,
et qui n'en demande pas davantage. Une fois qu'il
a développé les principes d'une maladie décrite par
M. le professeur un tel, il est un *savantissimus
doctor;* il peut la traiter de trente-six manières
différentes, soit d'après le célèbre monsieur un tel,
l'illustre monsieur tel autre, pourvu toutefois que
ces messieurs un tel soient de l'Académie; car hors
de l'Académie, à ce que prétendent les académiciens, il n'y a pas un médecin qui vaille un flacon
de laudanum. Ce que j'ai perdu de temps à recon-

naître que l'Académie n'avait pas toujours raison
a été immense. Il m'a fallu étudier tous leurs livres
les uns après les autres, écouter les professeurs à
leurs cours, les suivre dans les hôpitaux ; la tradi-
tion est peut-être plus compliquée en médecine
qu'en une autre science, quoique cependant le
temps approche où des esprits audacieux mettront
le feu aux traditions en favorisant les études sur
nature, en prouvant quel amas de sottises inutiles
il y a dans des livres qu'on ne lira plus jamais.

Je m'occupai un peu de tout, de magnétisme
entre autres choses, que je ne voulais pas nier sur
la foi de mes professeurs. Je me proposai d'étudier
le système de Lavater, surtout celui de Gall,
lorsque la personne chez qui je demeurais me
promit de me faire connaître un médecin qui avait
un talent surprenant de physionomiste. Ce médecin était venu une seule fois chez mon hôte, à
une soirée, et avait dit des choses étonnantes à
quelques personnes qui lui avaient fait tâter leurs
bosses. Il ne faisait cela du reste que par distraction, y apportant beaucoup de réserve et atténuant
le plus qu'il pouvait la vérité de ses observations.
J'allai donc avec mon ami chez le docteur Soulacroix, qui me reçut on ne peut plus poliment.

— Monsieur sera un bon médecin, me dit-il peu
après mon arrivée : beaucoup d'observation, du
jugement, mais trop de nerfs.

Je regardai l'ami qui m'avait introduit comme pour lui demander si on avait prévenu le docteur Soulacroix de mon arrivée. De son côté, mon ami paraissait surpris. Un certain silence régna entre nous trois.

— Pardon, monsieur, dis-je au docteur, est-ce qu'on vous avait dit que j'étudiais la médecine ?

— Du tout, me dit-il ; mais chaque profession a son masque, auquel bien peu peuvent échapper. Vous êtes jeune, vous avez le masque du médecin, donc vous serez un bon médecin. La curiosité qu'inspire le cadavre longuement étudié ne ressemble pas à la curiosité qu'excite une danseuse ou un joueur de flûte, et je remarque dans vos yeux le calme et l'attention froide que demande le cadavre ; vous serez un jour un bon médecin, monsieur.

Là-dessus, nous causâmes médecine, et je trouvai que le docteur Soulacroix, malgré des habitudes originales et des systèmes singuliers, avait expérimenté la science plutôt encore en théorie qu'en pratique. Je le quittai, fort enchanté d'avoir fait sa connaissance, et lui demandai la permission de venir lui rendre visite.

— C'est un drôle de corps, me dit M. Vatinel en revenant ; je l'ai souvent engagé à venir nous voir, mais il est tellement occupé, tellement demandé partout, qu'on ne l'a que rarement.

J'étais heureux d'avoir rencontré le docteur Soulacroix pour m'initier à la science de Gall; j'avais
entrevu dans son salon une grande rangée de
masques fort curieux, et avant d'étudier une science
par les livres, il est bon d'en entendre parler par
un homme compétent, sans les arides préliminaires
qui quelquefois dégoûtent le commençant. Je re-
tournai donc un matin chez le docteur, qui me fit
les honneurs de son musée avec une parole pleine
de charme ; je l'étudiai pendant qu'il parlait.
Quoique très-poli, très-doucereux, très-flatteur,
il y avait chez le docteur un fonds de curiosité
cruelle que je ne pouvais analyser. Il m'inspirait une
sorte de terreur, ainsi que certains êtres mystérieux, sans que je pusse me rendre compte de cette
sensation. C'était un homme très-fort, carré des
épaules, âgé déjà de cinquante ans, et qui ne voulait
pas devenir vieux, quoique son dos se voûtât. De
temps en temps il lui échappait des colères de
vingt ans qu'il tempérait aussitôt par des paroles
attendries. Il parlait de la société avec le plus sou-
verain mépris, et, d'une voix pleine de sanglots, me
disait :

— Chère âme, tu souffriras beaucoup dans le
monde!

Il me tutoya à la seconde visite.

—Bonne nature! que tu es sensible et généreux!

Je voulus me récrier, ne me connaissant pas

les qualités aussi développées. Il m'imposa silence.

— Je ne m'étonne pas, dit-il, que madame Vatinel t'aime.

Je le regardai en face fixement, étonné, ne sachant si je devais éclater de rire, me demandant si la folie ne venait pas de s'emparer du docteur Soulacroix. Il abaissa ma cravate et continua, sans faire attention à ma surprise :

— Un joli cou ! blanc et bien fait ! Elle s'y connaît, cette madame Vatinel... Ah ! les femmes !... Elle t'aime, mon garçon.

— Moi ! m'écriai-je.

— Ne fais pas l'innocent, me dit-il.

Et il sonna.

— Marguerite, donnez-moi à déjeuner. Cher enfant, me dit-il en manière de congé, ne manque pas de venir me voir ; je serai heureux de te voir.

Et il me reconduisit jusqu'à sa porte.

Le docteur aurait pu me donner un coup de pied à la place d'une poignée de main, que j'aurais été incapable de m'en offenser. En une demi-heure, il m'avait plongé dans le plus grand trouble que j'aie éprouvé ; ses singulières théories sur la phrénologie, sa tête à elle seule plus étrange que son musée, son tutoiement, ses manières bizarres, et surtout la révélation de l'amour de madame Vatinel pour moi, me bouleversaient à tel point, que j'en-

trai immédiatement dans les Tuileries pour rafraî-
chir mes idées dans l'endroit le plus désert. Il y
avait deux ans que je demeurais chez l'ami de mon
père, M. Vatinel, et jamais je n'avais fait attention
à sa femme. Mes repas pris, je remontais à ma
petite chambre, à un étage au-dessus, et, à l'exception de trois ou quatre soirées que je passais avec
eux, de quelques théâtres où nous n'allions que les
jours d'immense succès, j'étais pour ainsi dire un
simple pensionnaire, n'ayant jamais causé amicale-
ment avec madame Vatinel. C'était une grande personne froide, réservée, et qui s'occupait, depuis que
je la connaissais, d'élever un petit garçon unp eu
chétif et pâle, comme beaucoup d'enfants parisiens.

— Elle m'aime, pensais-je. Et comment le docteur le sait-il? Il y a trois ans qu'il n'est venu dans
la maison; je n'y étais pas encore; il a vu madame
Vatinel une seule fois. Comment est-ce possible?

Alors j'appelai à moi mes souvenirs de deux ans,
analysant si je trouvais dans la conduite de madame Vatinel le moindre signe aimable en ma faveur, et je ne trouvai rien. J'analysai trait par trait
la figure de la femme de mon hôte, cherchant si
quelque chose de caractéristique pouvait confirmer
les doctrines physiognomoniques du docteur Soulacroix; le seul indice que je trouvai furent des
lèvres un peu charnues, mais qui étaient combat-
tues par d'autres symptômes de froideur.

Les hommes se plaignent perpétuellement de la coquetterie des femmes, qui sont exposées à mille flatteries par jour, et entendent toujours avec un nouveau plaisir les compliments les plus fades. Mais quel est l'homme sincère qui n'avouera pas que les mêmes compliments le chatouillent aussi agréablement qu'une femme? Tout en riant de la façon brutale avec laquelle le docteur Soulacroix m'avait annoncé l'amour de madame Vatinel, j'étais remué par cette confidence. Je n'avais pas aimé jusque-là; de dix-huit à vingt-trois ans, je ne connus de l'amour que l'échange de deux fantaisies; pendant deux ans, le travail m'avait envahi complétement, et je ne pensais ni à la femme ni aux femmes. Je ne me rappelle plus aujourd'hui les milliers de raisonnements qui se combattaient dans mon cerveau pendant que je marchais à grands pas sous les arbres; tout ce que je sais, c'est que le docteur avait jeté dans moi un hameçon dont les deux pointes étaient entrées si profondément, qu'on n'aurait pu les retirer qu'en me causant une sensation douloureuse.

— Ah! monsieur Henri, vous êtes en retard, me dit madame Vatinel, qui me fit apercevoir que mes pensées avaient prolongé ma promenade d'une demi-heure.

Quelle chose bizarre! je crus entendre sa voix pour la première fois de ma vie; elle était douce et bien posée, et je n'avais pas remarqué son timbre depuis deux ans que j'étais dans la maison. Pendant que le mari découpait à table, je regardai longuement sa femme, cherchant dans ses traits un rapport avec ce que m'avait dit le docteur. Madame Vatinel était occupée à faire manger son fils, et ne paraissait pas me remarquer. « Le docteur est fou, pensais-je, ou il a voulu se moquer de moi. » Quelque temps après, ma serviette tomba à terre; en la ramassant je touchai, sans le vouloir, le pied de madame Vatinel, et je retirai ma main : il me semblait qu'elle brûlait. En m'asseyant, je vis une rougeur subite gagner tout le visage de la femme de mon hôte. Elle toussa pour se donner une contenance.

— Qu'est-ce que tu as? dit le mari.

— J'étrangle, dit-elle.

— Il faut manger une petite croûte de pain, dit M. Vatinel.

Ce moyen bourgeois ne fit que redoubler la rougeur de la maîtresse de la maison, et elle parla à son fils pour cacher son trouble.

— Monsieur Henri, me dit-elle, il y a bien longtemps que nous ne sommes allés au spectacle?

Le mari répondit, suivant son habitude, d'un ton que je cherchai à trouver grognon, qu'il n'y avait pas de spectacle intéressant; qu'il faisait froid au dehors, qu'il était trop tard, que nous serions mal placés', toutes les raisons d'un mari qui ne veut pas mener sa femme au spectacle. Je vis M. Vatinel sous un jour nouveau; tant il est vrai que l'idée fixe s'emparant de nous change les objets de forme. Je trouvai le mari ridicule, mal complaisant, égoïste, et même tyran domestique; en même temps que je me dessinais dans l'esprit une vision ridicule, la femme se changeait en un doux fantôme aux formes attrayantes. D'un côté étaient toutes les beautés; de l'autre, toutes les laideurs de la vie : la femme et le mari. J'étais sous le joug des paroles du docteur Soulacroix, qui tintaient dans ma tête comme si j'avais porté deux petites cloches en guise de boucles d'oreilles. Et cependant je me disais : « Faut-il être jeune pour se laisser prendre à quelques mots d'un vieillard maniaque ! »

Je mis beaucoup d'adresse à réfuter l'opinion du mari touchant le froid, l'heure avancée et les mauvaises pièces qu'on jouait alors, et madame Vatinel parut me savoir gré de ma conduite, car elle me récompensa par un doux sourire que je regardai comme plein de tendresse. Nous allâmes à l'Opéra; j'étais sur le devant de la loge avec madame Vatinel, le mari ayant jugé à propos de s'installer dans le fond de la loge pour pouvoir faire un petit somme tranquille vers le troisième acte de la pièce. Ce qu'on jouait, je n'en sais trop rien; la musique, que je ne sens pas d'ordinaire vivement, me pé=

nétra et m'emporta dans des nuages roses et tran-
quilles, doux comme un paradis. A travers ces
brumes gaies, j'entrevoyais le profil de madame Vatinel qui se dessinait sur le fond rouge de la loge
avec une netteté un peu pâle. Entre le premier et
le deuxième acte :

— Venez-vous fumer un cigare ? me dit le mari.

— Je vous remercie, lui dis-je.

Le refus du cigare me constata un amour violent
dans sa naissance, car l'habitude de fumer a pris
maintenant de telles proportions, que certains fu-
meurs seraient malades si, après leur dîner, ils ne
donnaient pas à l'estomac cette espèce de travail.
Le mari sortit et nous laissa dans la loge, attri-
buant à ma curiosité le désir de rester pendant
l'entr'acte. J'étais rempli de discours jusqu'à la
gorge, cependant je ne pus dire un mot à madame
Vatinel. Aussi, embarrassée la première de mon
silence, elle me dit :

— Vous êtes resté par politesse, monsieur
Henri ; il ne faut pas vous gêner.

— Non, madame : je suis enchanté d'être auprès
de vous.

L'entretien tomba après ces mots, et M. Vatinel
se moqua de moi.

— Si c'est pour ne rien dire que vous restez,
Henri, il valait mieux venir fumer.

Cette soirée sur laquelle je comptais n'amena rien

d'extraordinaire, à l'exception d'une nuit blanche
que je passai, roulant dans ma tête mille choses,
mille faits, mille observations contradictoires. Madame Vatinel ne portait sur sa figure aucun signe
distinctif qui prouvât son amour, et si à ce moment de la nuit j'eusse pu me trouver en présence
du docteur Soulacroix, je crois que je l'aurais
traité rudement en paroles. On ne se moque pas
ainsi des jeunes gens, parce qu'on a des cheveux
gris, ou qu'on ne croit plus à rien. Mais, si le docteur était un maniaque, pourquoi m'étais-je laissé
prendre à ses paroles? N'y avait-il pas une sorte de
fatuité, d'orgueil, de sot amour-propre à croire que
je pouvais inspirer quelque passion à une femme
tranquille jusque-là? Car j'en avais la conviction,
madame Vatinel ne trompa jamais son mari;
cela ressortait de sa manière d'agir, de son tempé-
rament, de sa conduite, et de mille détails que je
pus observer en deux ans. Elle sortait rarement
seule, recevait peu de monde, et manifestait dans
toutes choses une certaine apathie qui devait la
tenir dans la fidélité conjugale.

En étudiant quelques jours, je me résignai à
faire taire en moi le commencement de fièvre que
le docteur Soulacroix m'avait donné, et je reconnus
que toute la vie de madame Vatinel était basée sur
son enfant, qu'elle aimait par-dessus tout, à qui elle
prodiguait d'incessantes caresses; je me dis alors

que cette femme comprenait la passion, mais qu'elle l'avait détournée et changée en sentiment maternel. Que lui importait l'égoïsme bourgeois de son mari? Elle était payée bien assez par les innocentes caresses d'un joli enfant chétif sur lequel elle veillait comme une poule veille son poussin qui commence à sautiller.

Il n'avait fallu cependant que quelques paroles du docteur Soulacroix pour déranger momentanément ma vie. Je ne travaillais plus comme par le passé, une femme était perpétuellement entre la science et moi. Au cours, je n'entendais pas le professeur; je le voyais gesticuler, ouvrir la bouche, mais il me semblait qu'il me parlait de madame Vatinel; les lèvres étaient encore plus rebelles à mon intelligence que la parole : j'étais, pour ainsi dire, sourd et aveugle à toute autre chose qu'à la femme de mon hôte. Cette situation ne pouvait durer, et je me révoltai contre moi-même, tâchant d'appeler la volonté à mon secours. Si les vacances étaient arrivées, je serais parti avec un certain chagrin, et cependant avec plaisir, car il fallait chasser par un moyen énergique l'image de madame Vatinel, qui s'était gravée dans mon esprit comme un portrait sur une plaque de daguerréotype; mais je ne pouvais retourner, à cette époque, chez mon père, sans avoir pris mon inscription de fin d'année. Qu'aurais-je dit à mon père, qui n'entendait pas raison en ces matières? Un autre moyen consistait à fuir la maison de M. Vatinel, au moins quelque temps; mais, sans oser me l'avouer, une force puissante me clouait dans cette maison, et j'attendais avec une curiosité pleine d'anxiété un dénoûment à la situation dans laquelle je me trouvais.

J'eus l'idée de revoir le docteur Soulacroix pour l'accabler de reproches; mais c'était lui montrer l'effet produit par ses paroles, c'était donner quelque prétexte à l'esprit malicieux du vieillard, et je résistai à la curiosité qui me poussait vers la demeure du médecin phrénologue. D'ailleurs, une observation vint donner un nouveau cours à mes idées. Un soir, après dîner, j'étais resté chez mon hôte, causant au coin du feu avec lui et sa femme; je ne sais à quel propos elle lui dit : « Mon ami, » et l'embrassa sur la joue en se penchant vers lui. Les caresses publiques entre gens mariés et même entre amants m'ont toujours révolté; il y a dans ces manifestations extérieures quelque chose qui fait ressembler les gens assez peu délicats pour se les prodiguer aux animaux des rues. Je suis naturellement embarrassé de ma contenance devant des marques d'amour qui n'ont pas plus de raison de commencer que de finir; aussi, la rougeur me monta au front, et je me mis à tisonner avec acharnement un gros morceau de charbon de terre, espérant que la coloration qui

me viendrait du foyer ferait oublier celle que la
pudeur m'avait envoyée aux joues.

Ce soir-là, je sortis indigné contre la femme, qui
osait donner en public des échantillons de ses
caresses, et au fond de mon indignation il entrait
certainement du dépit, car les paroles du docteur
Soulacroix me revinrent peu à peu à l'esprit et me
montrèrent une femme qui ne voyait pas encore
le mari envelopper l'homme, c'est-à-dire un être
froid, ennuyé du mariage et ne pensant qu'à une
certaine tranquillité de foyer. Mon amour-propre
irrité me peignit la femme sous un tout autre
aspect; j'allai jusqu'à la traiter mentalement de
courtisane, uniquement pour le faible motif qu'elle
avait embrassé son mari devant moi. Je me crus
guéri, et j'eus un moment de satisfaction encore en
me disant que, le lendemain, je retournerais à mes
travaux. Effectivement, je suivis les cours comme
par le passé, pouvant dès lors entendre la voix
du professeur. Cependant, j'avais une espèce de
jaunisse dans le cœur, et la vie ne me paraissait
plus aussi gaie que par le passé.

A la fin d'un autre dîner, je fus témoin de nouvelles caresses de la part de la femme; elle avait
passé ses doigts dans les cheveux de son mari et
lui faisait de petits enfantillages amoureux. Elle ne
se gênait pas de moi. Cette fois je ne rougis pas,
mais j'attendis avec impatience une nouvelle ca-

resse qui ne vint pas. Un doute était entré dans
mon esprit : tout cela est faux. J'ai l'amour de la
sincérité poussé à un tel degré, que tout ce qui ne
doit pas rester sur terre et qui est conservé par
la main de l'homme me fait horreur. Moi qui dis-
sèque des cadavres chaque jour et qui n'y trouve
aucune répulsion, parce que je sens que j'accom-
plis un devoir utile, je suis effrayé quand j'entre
au musée d'histoire naturelle du jardin des
Plantes. Ces animaux empaillés avec des yeux de
verre toujours fixes, ces mouvements perpétuellement roides, ces poses éternelles m'irritent, parce
qu'elles sont aussi loin de la nature qu'un marquis
de Marivaux l'est d'un paysan. Ce n'est pas vrai,
c'est de la convention, et j'ai le malheur, dans la
vie, de connaître tout ce qui est de convention.

Je n'aimerai jamais les femmes qui mettent du
blanc, le plus petit grain, parce que ce mensonge
me trottera perpétuellement dans la tête. Or, les
caresses de madame Vatinel me semblaient des
caresses feintes. Pourquoi feint-elle des caresses
qu'elle ne sent pas en elle? C'est autour de cette
question que se groupèrent, comme derrière un
grand tambour-major, une armée de réponses,
musique en tête, avec leurs généraux, leurs ca-
pitaines et leurs soldats. Elle avait donc besoin
d'endormir son mari dans la tranquillité? Tout en
détestant cette femme qui ne semblait faire aucune

attention à moi, je vis reparaître avec quelque
défiance les paroles du docteur Soulacroix, qui
pouvait bien n'être ni un prophète imposteur, ni
un sarcastique personnage. Ma vie fut encore dé-
rangée une fois, et je compris alors quelle force
et quelle dépense de temps voulait une existence
de don Juan.

L'enfant tomba malade, et sa maladie prit un
caractère assez grave pour forcer madame Vatinel
à passer les nuits auprès de lui : je m'offris à la
remplacer, et elle accepta, à la condition seulement
que je veillerais deux fois par semaine. Le mari,
je dois vous le dire, montra une certaine insou-
ciance pendant la maladie de son fils : quant à madame Vatinel, elle fut pleine de dévouement; même
quand je passais les nuits, deux ou trois fois elle
apparaissait vêtue de sa robe de chambre, qu'elle
ne quittait pas afin d'être sur pied au premier cri.
Son caractère m'apparut alors meilleur que je ne
le croyais; elle était tout angoisses pour son fils,
qui était d'une santé chétive et pour lequel les
médecins recommandaient d'immenses ménage-
ments pendant la vie. Je crus souvent l'enfant à
la mort; la pauvre femme pleurait comme si l'on
emportait sa vie. Au bout d'un mois, la maladie
s'éteignit graduellement et une heureuse conva-
lescence chassa les craintes de la mère. Veillant
toujours à la santé de l'enfant, employant ce que

je savais en médecine à ce que les prescriptions
fussent bien exécutées, je quittai peu madame Vatinel. J'acquis une sympathique confiance; elle me raconta sa vie depuis son mariage : elle était pauvre,
et son mari l'avait épousée pour sa beauté ; mais
il s'était bien vite lassé du mariage, et une douce
amitié, à défaut d'amour, n'existait même pas
entre les époux.

Quoique convalescent, l'enfant avait besoin d'autant de soins que pendant sa maladie. Je continuai
de temps en temps à veiller auprès de lui, mais
j'étais récompensé par l'amitié que me montrait
madame Vatinel; à l'entendre, j'avais sauvé l'enfant
et elle ne saurait jamais me montrer assez de reconnaissance. Je traitai, comme vous le pensez, le
mari avec tout le mépris que m'inspirait sa conduite pendant la maladie de l'enfant. Enfin, nous
nous entendions, nous changions de conversation
quand M. Vatinel entrait; nous paraissions déjà
complices.

Le docteur Soulacroix se trouva avoir raison;
j'ai aimé passionnément cette femme, comme on
aime la première fois de sa vie, et je passai dans
cette maison deux mois gros de bonheur, oubliant
tous mes travaux, mon père, l'avenir, trouvant
dans le charme des sens des bonheurs si doux dans
le présent et si amers quand on s'y laisse entraî-
ner. M. Vatinel entra un matin dans ma chambre,

avec un certain air plus ennuyé que d'habitude :

— Ma femme est enceinte, me dit-il à brûle-pourpoint.

J'étais couché et je ramenai une partie de la couverture sur ma figure, tant ce début me terrassa. L'heure matinale à laquelle il était entré, sa physionomie, me firent croire que tout était découvert.

— Ceci me gêne beaucoup pour vous, me dit-il.

J'eus le courage de le regarder en face et de lui demander pourquoi.

— C'est que, dit-il, je vais prendre dès demain une servante de plus et que j'aurai besoin de votre chambre, mon cher Henri.

Alors je respirai.

— J'ai écrit à votre père et je lui annonce la grossesse de ma femme en lui disant que je me vois obligé, à mon grand regret, de ne plus pouvoir vous loger chez nous.

Je fus heureux de cette nouvelle, car il se mêlait un sentiment cruel à ma passion. Habiter sous le même toit qu'un homme qu'on trompe, lui serrer la main tous les jours, lui dire : « Mon cher, » sont des supplices pour les gens sincères. Les femmes ne comprennent pas grand'chose à ces délicatesses; mais je fus enchanté que M. Vatinel me donnât mon congé. Je n'eus que le temps de louer une chambre, et je revins rapidement, espérant trouver madame Vatinel et lui demander en secret la manière dont je pourrais la rencontrer.

— Ne me parlez pas, dit-elle, il est très-jaloux ; prenez garde !

Le mari rentrait immédiatement, et il est de fait qu'il ne quitta plus sa femme d'un moment jusqu'à mon déménagement.

Je souffrais et j'avais des impatiences ; car, si je quittais ainsi celle que j'aimais, comment faire pour la revoir ? J'annonçai que j'allais demeurer à l'hôtel César, sur la place de l'École-de-Médecine, espérant qu'elle viendrait me retrouver ; mais je passai huit jours à demander à la maîtresse d'hôtel : « Une dame est-elle venue ? » Toujours on me répondait non. J'allai pour rendre une visite à M. Vatinel : après deux ans de séjour intime, il m'était bien permis de ne pas abandonner d'aussi anciennes connaissances. Ils étaient sortis, le lendemain encore, ainsi que le surlendemain. Je finis par rencontrer le mari et la femme. M. Vatinel était toujours le même ; mais sa femme me semblait froide, et ce n'était pas la crainte de son mari qui l'empêchait de me répondre par un simple coup d'œil aux angoisses qu'elle pouvait lire dans mes yeux. J'étais décontenancé par un semblable accueil : je paraissais un simple étranger pour madame Vatinel ; le son de sa voix était froid et elle

affectait de ne dire que des paroles indifférentes
comme à un homme qu'on reçoit pour la première
fois. C'était : « Travaillez-vous beaucoup, monsieur? » ou : « La médecine est une belle profession,
mais je ne voudrais pas que mon fils s'y livrât. »
Je sortis exaspéré, me demandant qu'est-ce qui
avait pu se passer dans l'esprit de la femme que
j'aimais tant : jamais nous n'avions eu le moindre
nuage entre nous; M. Vatinel n'était pas jaloux,
cela se voyait à son air, à ses regards, à ses paroles; il m'engageait à revenir souvent le voir; il
s'était plaint même de ne pas m'avoir revu depuis
huit jours. La froideur inexpliquée d'une femme
qui vient de dire : *Je t'aime*, est capable de
rendre fou. Je me perdais en raisonnement, je
cherchais à me rappeler les moindres paroles de
notre dernière entrevue et rien n'apportait de
clarté dans mes idées.

Je rentrai chez moi dans un état pénible, creu-
sant mon cerveau à analyser comment l'amour
peut se rompre tout à coup chez la femme
et lui laisser le cœur aussi vide que si l'on
y avait ajusté un petit robinet et que l'amour
eût coulé comme l'eau d'une fontaine. J'ad-
mettais difficilement que l'amour eût une fin;
mais je voulais savoir le pourquoi du cas parti-
culier dans lequel je jouais un si triste rôle.
C'était comme ces maladies inconnues que nous

voyons emporter un sujet, sans que nous puissions y porter remède.

En un mois, je souffris comme je ne souffrirai de ma vie : j'étais devenu maigre à faire pitié ; les projets les plus contraires se dressaient dans mon esprit. Tantôt je voulais courir chez M. Vatinel et me présenter dans le triste état où m'avait réduit l'amour ; tantôt je formais le projet cruel d'aller chez le mari et en présence de sa femme de lui dire : « Je vous ai trompé, monsieur, votre femme est coupable. » Tantôt je regardais comme la plus douce faveur de m'entendre dire par *elle* pourquoi elle ne m'aimait plus. Le pourquoi, la raison de sa froideur, et je me serais retiré heureux, en comparaison de mes souffrances.

M. Vatinel entra un jour chez moi au milieu de mes réflexions et s'étonna de me voir aussi changé ; je répondis que j'avais fait une maladie.

— Il faut vous distraire, me dit-il, vous travaillez trop ; venez donc dîner à la maison sans façon ; je suis sûr que madame Vatinel sera enchantée de vous voir...

Il ajouta qu'elle lui parlait souvent de moi et qu'elle avait conservé beaucoup de reconnaissance pour les soins que j'avais donnés à son enfant. Ces simples mots me firent respirer à pleine poitrine ; je me sentis redevenir l'homme heureux de deux mois auparavant. C'était elle certainement qui, inquiète de ne plus me voir, envoyait son mari me chercher. En ce moment, je lui pardonnai tout ce qu'elle m'avait fait souffrir, et je trouvai des raisons à sa froideur. Sa grossesse inattendue l'avait fait songer à la prudence ; de là son air glacial, ses manières froides pour mieux tromper son mari.

Madame Vatinel me reçut avec beaucoup de politesses, en apparence amicales, mais ses yeux étaient toujours glacés quand elle me regardait : ces yeux-là ne renfermaient ni souvenirs, ni promesses, ni espérances ; ils étaient froids comme un miroir d'acier. Le mari était sorti ; je pris la main de sa femme, et je crois qu'un cadavre eût mieux répondu à la pression qui courait impétueuse dans chacun de mes doigts :

— Eugénie ! lui dis-je avec un ton de voix que je ne saurais retrouver, tant il était plein d'angoisses et d'amour.

Elle dégagea sa main et me dit :

— Monsieur, oublions un moment d'erreur.

Cette phrase me fait froid quand je la répète, tant elle est composée de mots convenus, tant elle a été répétée, tant elle est académique et méprisable. « Oublier un moment d'erreur. » Ah ! je l'ai disséquée bien des fois et je n'ai trouvé au fond que mensonge et hypocrisie, trois mensonges dans trois mots. *Oublier !* quand le souvenir s'attache à chacune de nos facultés, à chacun de nos sens. *Un moment!* Elle appelait un moment de bonheur deux mois pendant lesquels nous ne faisions qu'une âme. *Erreur...* Ah! je ne veux plus discuter ces mots qui m'irritent et qu'on ne trouve que dans le grand dictionnaire des femmes. Cependant, sur le moment, l'effet de cette phrase fut magique : c'était une douche glacée qui me tombait sur la tête. Ma tête retomba sur ma poitrine, écrasée sous le poids de cette fausseté, et il fallut la rentrée de M. Vatinel pour me remettre sur pied.

Je sortis plein de mépris pour cette femme, dont je n'avais pas encore la clef. C'est ce matin seulement que je sais tout. Ah! le docteur Soulacroix est un savant homme ; il m'a fait une cruelle opération, mais enfin il a réussi. Je lui ai tout raconté ; il a ri, il a pleuré en coupant mes récits de plaintes, de sanglots :

— Pauvre enfant! s'écriait-il.

Ne m'a-t-il pas appelé géniteur!

— Ah! docteur, c'en est trop, lui ai-je dit, je n'aime pas ces sortes de plaisanteries.

Il se mit à hausser les épaules en allant du côté de la bibliothèque.

— Tu ne connais pas le Code, bonne âme ; il faut connaître les cinq Codes dans la vie, les étudier, les commenter et être aussi fort que si tu allais passer un examen de droit. Ce que la médecine ne te fera pas toujours comprendre dans la vie, tu trouveras de nouvelles lumières dans le droit. Cette femme n'avait rien quand elle a épousé son mari ; M. Vatinel, qui est défiant, ne lui a rien reconnu en dot ; pense un peu, cher ange, si le mari mourait aujourd'hni, la femme se trouverait sur le pavé. L'enfant est chétif, il peut mourir d'un jour à l'autre. Cette femme-là a un grand instinct de la physiologie. M. Vatinel a eu, dans le commencement de son mariage, un enfant malingre, et il ne pouvait pas en avoir d'autre... La constitution du mari est déplorable ; il est chétif, tu le connais mieux que moi ; l'art de la sculpture nous démontre qu'un moulage, d'après une figure déjà effacée, donne un relief éteint... Madame Vatinel t'a aimé parce que tu étais jeune... question médicale ; mais, bonne âme, tu trouveras dans le Code la question légale.

MADEMOISELLE AURORE.

Au mois d'août dernier, Antoine me racontait ceci :

— Tu sais que mon père perdit tout d'un coup sa fortune et m'annonça brusquement cette nouvelle, qui allait changer complétement mon sort. J'avais jusque-là été habitué à vivre indépendant, dépensant huit à dix mille francs par an ; ce fut pour moi un coup de marteau. Que faire dans Paris ! moi, habitué à un certain luxe, aimant les arts, ne sachant me refuser aucun plaisir, adorant une femme de théâtre qui faisait semblant de m'aimer... Je restai anéanti sur le moment dans mon lit, et, quand le courage me revint un peu, je pensai à mille réformes essentielles dans mon logement, dans ma toilette et dans ma table. Continuer de vivre comme par le passé était seulement possible pendant un ou deux ans, à l'aide de mon crédit; mais c'était tomber dans la dette, un gouffre qu'on ne comble jamais. Je passai des journées à faire des calculs et des additions, car je voulais arriver à une vie honnête avec douze cents francs par an. Un de mes amis m'aida dans les plans de réforme: c'était un charmant garçon qui avait passé par tous les degrés de la vie parisienne la plus pénible et qui, à force de courage et de travail, s'était créé une existence honorable. Il me donna tout d'abord le conseil de ne pas rester plus longtemps dans mon logement :

— Rien ne t'attristera, me dit-il, comme ton riche mobilier, ton salon avec ses curiosités, ta chambre à coucher élégante. Il faut couper dans le vif et avoir le courage de vendre tout. Laisse-moi faire.

Combien je dois à cet ami, qui se montra aussi cruel qu'un chirurgien sur le moment, mais qui me guérit! Un matin, il arriva avec des marchands de meubles et traita sans pitié de tout le mobilier; il ne laissa pas un chiffon. Quand je réclamai pour mon lit, pour un tableau, pour un fauteuil, il me dit:

— Mon cher, un homme ruiné, et qui veut re-
faire sa vie, ne doit pas songer au passé, et rien
dans ton nouveau logement ne rappellera ton an-
cienne aisance ; autrement, tu tomberais dans l'amertume, tu aurais des jours de regrets ; je veux que
tu changes complétement de peau et que tu me
promettes de penser à l'avénir, jamais au passé.
Ton lit est trop beau pour ton nouveau logement ;
on s'enfonce trop dans les fauteuils ; tout cela porte
à la paresse et tu n'as plus le moyen d'être pares-
seux. Tu vas partir d'ici sans qu'on soupçonne ton
changement de fortune, tu n'auras pas à rougir
devant tes concierges ; le plus difficile est de rompre
avec cette créature ; mais tu dis qu'elle ne t'aime
pas. Sois homme huit jours : au bout de huit jours,
tu seras étonné combien la vie simple a de charmes.

Mon ami prêchait d'exemple ; il n'était pas mo-
raliste ennuyeux ; au contraire, il avait passé par
tous les orages de la vie parisienne, et il avait pu
s'en retirer à temps, en conservant une grande
simplicité dans les mœurs.

Il me conduisit dans une maison de la rue
Montmartre, dont l'entrée était propre et où il
m'avait loué un appartement de cent francs par
an. Je riai en chemin de cet *appartement*, dont je
me faisais une idée bizarre. Dire à un homme qui
a eu dix mille livres de rente qu'il va habiter un
logement de cent francs par an, c'est se moquer

de lui. Nous autres, tant que nous sommes riches, nous ne savons rien de la vraie vie; nous connaissons le boulevard des Italiens, le café de Paris, l'Opéra, les Italiens, et tout ce qui se passe en dehors nous étonne. Mais mon ami était malin comme une grisette; la nécessité lui avait fait connaître le Paris à bon marché dans sa jeunesse et il se serait trouvé richissime avec huit cents francs de rente. Il est bien certain qu'il ne faut pas avoir de folles passions; cependant il en avait eu.

— J'ai beaucoup aimé, me disait-il; seulement, là ou les autres dépensent de l'argent, je dépensais du temps, et on m'aimait plus pour le temps dépensé que si j'avais apporté des trésors.

Il me conseillait de me promener le soir dans la rue Saint-Denis ou la rue Saint-Martin; c'était là seulement, à l'entendre, qu'il existait encore un peu d'amour. Une grisette qui travaille toute la semaine douze heures par jour, est toujours heureuse d'aimer le dimanche; elle est trop occupée pour penser à mal, et, si elle trompe, elle trompe moins que les autres femmes.

Mais j'avais renoncé aux femmes pour le moment; tel n'était pas mon but. Je rêvais une place de quinze cents francs qui me permettrait de faire des économies. A trente ans, je devais recommencer une vie qu'il est si facile de mener à dix-huit ans. Cela m'eût rempli d'amertume si j'avais été seul;

mais le dévouement de mon ami me fit passer
par-dessus ma fortune perdue. Je fus tout surpris,
en montant l'escalier de mon nouveau logement,
de ne pas trouver fatigants les six étages qui
conduisaient à ma chambre. Tout vous frappe
dans ces moments : la portière, à qui mon ami
avait donné seulement trois francs de denier à
Dieu, au lieu de me recevoir en homme pauvre,
me salua poliment. C'était une femme d'une tren-
taine d'années, pâle et souffrante, qui donnait à
manger à une enfant de quatre ans. Au lieu de
ces portiers insolents qui ne rêvent que de lever
un tribut sur les locataires, je rencontrai une
femme intéressante, dont la figure annonçait plus
d'un chagrin.

La maison était tenue avec une grande pro-
preté, l'escalier frotté jusqu'à ma porte. En entrant, je fus plus charmé que si j'entrais dans
un palais : on eût dit une petite chapelle, tant
l'ameublement était doux et blanc. Les murs
avaient été recrépis nouvellement à la chaux ; des
rideaux blancs cachaient à moitié un lit de fer.
D'autres rideaux blancs pendaient également à la
fenêtre, qui laissait passer un jour gai et vif.
Une petite cheminée en bois noir bien verni faisait
contraste avec les murs blancs, et le seul mobilier
était une table et deux chaises de bois blanc. Je
ne pus retenir un cri d'admiration.

— Oh! que c'est joli ! dis-je à mon ami en lui pressant les mains.

Trouver tout d'un coup dans Paris une chambre ainsi meublée, c'est un rêve charmant; c'est la cellule du moine sans le couvent, c'est la pureté à la place de la débauche.

— Comme on doit travailler paisiblement ici, pensais-je, et que l'homme va souvent chercher loin le bonheur !

Quelle délicatesse de la part de mon ami, qui avait trouvé le seul moyen de me rendre heureux ! Il ne dit pas un mot et ouvrit la fenêtre. On voyait un bout de la butte Montmartre et trois petits arbres grêles qui ressemblaient un peu à des balayettes. Eh bien, n'importe, c'était encore la campagne. Jamais je ne me suis senti aussi heureux qu'en entrant dans cette chambre: j'avais oublié la perte de ma fortune, je me sentais un nouvel homme plein de courage, de force et d'activité. J'aurais porté des paquets sur le dos dans Paris pour pouvoir me reposer le soir dans mon lit blanc. Il faut avoir vécu dans le luxe parisien, avoir été entouré des objets de mauvais goût que la mode impose, pour comprendre le charme de cette jolie chambre aux rideaux blancs. Rien n'aurait pu me remonter le moral à cette époque; mon ami était un bien grand médecin.

Mon projet alors était de vivre de copies, car

je ne voulais pas entrer dans une administration;
je tenais à ma liberté; et une maison de commerce
m'avait déjà fait quelques ouvertures pour mettre
au net des livres de commerce dont les écritures
étaient en retard de près d'un an. Avec mon édu-
cation de collége, c'était ce que je pouvais faire de
mieux. Mon ami, du reste, veillait sur moi; au
milieu de toutes mes connaissances, il était le
seul à qui j'avais confié la vérité de ma situation.
Il m'écouta, ne me fit pas grande morale, me
montra ce qui restait à faire à un honnête homme,
et je vous ai dit comment il s'était conduit. Ayant
donc pris possession de mon logement, je con-
sacrai le reste de la journée à faire différents
achats : plumes, papier, encre et les cinquante
petits objets dont on a besoin quand on emménage.
Je passai la soirée à écrire à mon père une
longue lettre dans laquelle je lui annonçai ma
nouvelle vie, mes plans de réforme et la voie
sérieuse dans laquelle j'allais entrer. La vente de
mon mobilier avait produit deux mille et quelques
cents francs. J'envoyai mille francs à mon père, et
je vous jure que jamais je n'ai été aussi heureux
de ma vie. Lorsque je vivais dans le luxe et le
plaisir, il m'arrivait rarement de penser à mon
père; quelquefois son souvenir me traversait le
cerveau et j'étais souvent trois mois sans lui écrire.
En été, j'allais passer quinze jours auprès de lui,

autant pour me délasser de la vie parisienne que pour le voir. Je ne pensai réellement à mon père que quand sa ruine entraîna la mienne, et je me chagrinai plus encore pour lui que pour moi. J'étais jeune, je pouvais recommencer ma vie; mais lui qui avait été habitué à vivre entouré d'ouvriers, c'était son plaisir; lui qui restait en province, montrant sa misère à tous, au lieu de la cacher comme je pouvais le faire à Paris !

Cette longue lettre me prit trois heures, car je cherchai sans phrases à faire passer dans l'esprit de mon père la tranquillité que je trouvais en moi, et je me couchai pour la première fois, depuis ma jeunesse, l'esprit content. Vers les six heures du matin, je fus réveillé par un chant pur et jeune qui tenait autant de l'oiseau que de la jeune fille. Je crus d'abord que je rêvais et j'ouvris mes yeux tout grands. Le chant continuait avec un timbre si clair, que jamais je n'en avais entendu de pareil. Il faut se reporter à ses jours de jeunesse pour retrouver une impression aussi fraîche : les cloches qui annoncent les œufs rouges et le jour de Pâques, les fanfares d'une musique de cavalerie qui arrive en province par un beau soleil, les carillons du jour de l'an ; ces petits plaisirs qui paraissent si grands, ces premières sensations qui ne s'effacent jamais me revinrent dans l'esprit et me rappelèrent mes dix premières années si heureuses. C'était une voix

gaie et capricieuse, éclatante de jeunesse, qui descendait par ma cheminée. J'aurais habité un chenil
avec plaisir à la condition d'entendre cette voix
toute la journée. J'écoutai attentivement ce joli ramage, car on ne peut appeler une chanson des
caprices sans paroles qui sortaient du gosier de la
jeune fille. Elle était jeune et non mariée évidem-
ment. Cette circonstance de la voix descendant
par la cheminée me donna à penser qu'il y avait
encore un étage au-dessus du mien.

J'avais une voisine.

La voisine! n'est-ce pas ce qu'il y a de plus
joli dans la vie de jeune homme; c'est presque une
famille. Toute la fraîcheur et la gaieté contenues
dans ce mot de *voisine* échappent aux gens riches
qui se saluent à peine en se rencontrant sur l'escalier. Jamais je n'avais eu de voisine dans mes an-
ciens logements, ou je ne les avais pas remarquées.
Me levant à midi, et ne rentrant qu'à deux heures
du matin, je ne songeais guère à ceux qui demeu-
raient à côté de moi. Il faut, pour comprendre une
voisine, ne pas quitter sa chambre, être inter-
rompu dans ses occupations par le bruit qu'elle
fait à côté de vous ou au-dessus de votre tête.

Je me levai doucement et j'allai ouvrir ma
porte afin de me rendre compte qu'il existait un
septième étage; mais le bruit que je fis en faisant
tourner la clef dans la serrure, arrêta immédiate-

ment la chanteuse, ce qui me causa un vif déplaisir.
Je n'en remarquai pas moins un escalier de meunier ajouté après coup, dont les marches presque
perpendiculaires au sol se perdaient dans l'ombre
d'un corridor étroit et devaient mener à une mansarde. Ma voisine n'était pas riche bien certainement ; à en juger par la modicité du prix de mon
logement, le sien ne devait coûter qu'une soixan-
taine de francs par an. Je me représentai sa chambre en étudiant la mienne, dont les angles formaient déjà un certain coude vers le plafond et
dont la continuation promettait à l'étage supérieur
une mansarde avec les caprices imposés par la
toiture.

J'étais déjà puni de ma curiosité, puisque le chant
avait cessé, non pas que j'eusse eu l'intention de
voir la figure de la chanteuse, et je me promis
bien, si la chanson reprenait dans la journée, de
retenir mon souffle, afin de ne pas effaroucher
ma voisine. Je me mis au travail et j'oubliai, dans
l'application de ma tenue de livres, la jeune fille.
De la journée je n'entendis plus rien, et je me couchai avec un petit regret d'avoir ouvert ma porte
le matin. Le lendemain, à six heures précises, au
moment où le soleil s'avançait par ma fenêtre et
formait un angle sur le mur, la jolie voix recom-
mença comme la veille, peut-être plus pure encore
que la veille. Il me semblait voir la folle gaieté d'un

chien qui suit son maître à cheval et qui fait mille
tours capricieux dans la campagne. Il n'entrait pas
dans ces mélodies de souvenirs d'airs connus ni de
ces grandes musiques prétentieuses d'opéra ;
c'était avec ses tournures parisiennes quelque
chose de naïf, comme les airs que sifflent les gar-
çons de charrue. Le sentiment, la mélancolie n'a-
vaient pas plus de part dans les roucoulades de la
jeune fille que le rossignol n'en met dans son gosier ; c'étaient des sons francs, simples et gais
comme une fleur. Le bonheur, la santé, le travail,
la jeunesse formaient la base de ces chansons.

Combien je pensai à mon ami et combien je le
remerciai de m'avoir trouvé cette chambre, où je
vivais si heureux et où j'étais réveillé par un si
doux réveille-matin ! car jamais la voix ne manqua
à six heures ; elle arrivait avec le soleil. «Ma voisine
doit être bien jolie, pensais-je ; si elle était laide,
on se serait moqué d'elle, on le lui aurait dit et il
en resterait quelque tristesse dans son caractère ;
ses chants s'en ressentiraient également. Quant à
la jeunesse, elle a dix-sept ans, le timbre de sa
voix l'indique assez.» Et je m'en faisais une image
particulière dans laquelle je portais toute mon
attention sur le cou. Combien devait être délicate
et fine l'enveloppe de ce gosier par où le son sortait si pur et si frais ! Je me figurais un cou un peu
élancé, délicat, ni trop long ni trop court, qui por-

tait une petite tête spirituelle, rieuse; des lèvres
roses, une fossette au menton et deux autres aux
joues, des cheveux pas trop noirs, châtains, les
yeux un peu petits, mais petillants de gaieté et de
jeunesse. Les habits, je n'avais pas besoin de les
voir, pour être certain de leur coupe et de leur
couleur : un petit bonnet à rubans, plutôt sur le
derrière que sur le milieu de la tête; la robe en
toile, à carreaux écossais pas trop larges; un fichu
de soie de brillantes couleurs qui laisse voir la
naissance du cou et la blancheur de la poitrine; les
mains alertes avec l'index vertueux, picoté par les
aiguilles et offrant un endroit aussi dur qu'une
râpe à sucre. L'ameublement n'aurait pas coûté
cinq minutes d'enregistrement à un huissier : il
devait se composer d'un pot de fleurs, d'un lit de
sangle, d'un grand balai, d'un petit plat de fer-
blanc, d'une bouilloire, d'une marmite en terre et
d'un saladier en osier.

Je n'eus pas grand mérite à deviner la batterie
de cuisine; le matin, après la chanson, qui durait
jusqu'à huit heures, sur le petit palier en haut de
l'échelle de meunier, je savais quand ma voisine
allumait son réchaud, car il arrivait jusqu'à ma
porte des senteurs de légumes frais, quand elle
levait le couvercle de la marmite; quelquefois
c'était un grésillement de beurre frissonnant dans
un plat de fer-blanc, et j'entendais le petit coup sec

que produisent deux œufs choqués l'un contre
l'autre. J'étais arrivé à une grande finesse d'ouïe;
caché derrière ma porte, j'entendais tout ce qui se
passait au-dessus de moi, le sifflement produit
dans l'air par le saladier d'osier qu'on secoue. Ma
voisine sautait plutôt qu'elle ne descendait les
marches de l'escalier; elle faisait moins de bruit
qu'un oiseau passant d'une branche à une autre.
Les moindres événements prenaient d'énormes
proportions dans ma vie tranquille. Je sus le jour
où elle avait mis des souliers neufs, à un certain
couinement qui est la chanson du cuir neuf.

Un matin, je dis à la portière :

— Qui est-ce qui chante donc ainsi au-dessus
de ma tête?

— C'est une ouvrière, monsieur; je lui dirai de
se taire.

Je me sauvai, effrayé de cette réponse, en colère
contre moi d'avoir cherché à pénétrer dans l'existence de ma voisine. « Elle va lui dire de ne plus
chanter, pensais-je, mon plus grand bonheur, et
c'est moi qui en serai la première cause. » J'entendais le dialogue entre la jeune fille et la portière :

— Mademoiselle, le monsieur d'en dessous se
plaint que vous l'empêchez de dormir le matin,
tâchez donc de chanter moins fort.

Peut-être menaçait-on ma voisine du *proprié-*
taire, terrible titre qui impose tant aux loca-

4

taires des mansardes. Que va penser de moi cette
jeune fille? Elle me prendra pour un homme ennuyé, peut-être âgé, qui souffre des plaisirs de la
jeunesse et les regarde d'un œil chagrin. Je mar-
chai dans Paris sans trop savoir où me portaient
mes idées amères; je me trouvai dans la position
d'un homme qui s'écrie l'été : « Quel diable de
soleil! » et qui, à partir de cette parole, ne voit
plus revenir le soleil. L'ombre, et pis que l'ombre,
des brouillards perpétuels remplissent son esprit.
Qu'un mot est imprudent quand on ne songe pas
vivement à le corriger par un autre mot. Pourquoi
n'avais-je pas dit à la portière : « Au contraire,
madame, la gaieté de ma voisine me plaît beaucoup
et vous seriez bien aimable de le lui dire. »

Je rebroussai chemin pour aller porter cette
réponse à la portière; mais je fus arrêté immédiatement par cette idée : on croira que c'est une dé-
claration indirecte à ma voisine, un moyen adroit
d'entrer en connaissance, et je rougirai de paraître
vouloir employer une honnête personne comme
cette portière à se charger d'un tel message. D'ailleurs, j'étais sorti depuis deux heures déjà; ma
voisine était rentrée ou descendue, et sans doute
elle avait reçu l'avertissement de ne plus chanter.

Est-ce que j'aimerais cette jeune fille, que je
n'ai jamais vue? Cette question me remua violemment. Il y avait si longtemps que je n'avais aimé

purement; à peine, en fouillant dans mes souvenirs, apercevais-je une jeune fille qui faisait sa première communion en même temps que moi et qui
était restée depuis vingt ans dans ma tête avec ses
habits blancs et sa candeur de dix ans. J'avais
souri une fois en la regardant et elle me rendit mon
sourire : telle était la seule fraîcheur qui coulait et
se perdait au milieu de mes impures amours de
vingt à trente ans. Les sept ou huit femmes que
j'ai aimées ne m'ont laissé que des tristesses et des
amertumes; il est vrai que c'étaient des femmes
artistes, des femmes de théâtre, et que l'art em-
poisonne ses prêtres. Qu'il doit être doux d'aimer
une jeune fille naïve qui ne sait rien ni du théâtre
ni du roman, qui a des impressions fraîches et na-
turelles au milieu de Paris! Je n'avais pas besoin
d'aller rue Saint-Denis, comme me l'avait recommandé mon ami, à la chasse à la grisette, j'avais
un trésor sous la main.... Toutes ces réflexions
dansaient dans ma tête et prolongèrent ma promenade, que j'avais menée jusqu'à la place de la Bas-
tille sans m'en apercevoir. En rentrant, je forçai le
pas afin de ne pas connaître de ma portière le résultat de ses paroles à ma voisine. Je passai une
mauvaise nuit, agité et préoccupé, car, à six heures
du matin, mon sort allait se décider. Si la jeune
fille ne chantait pas, j'étais perdu. Quoique mon
sommeil eût été un peu fiévreux, à cinq heures du

matin, j'étais réveillé; jamais heure ne me parut
si longue. Justement, le soleil ne se montra pas ce
jour-là; de gros nuages tristes reflétaient mon
esprit, et, par extraordinaire, la nature semblait
complice de ma situation, ce qui me parut du plus
mauvais augure.

Tout d'un coup la voix éclata plus joyeuse
que par le passé, les modulations étaient plus ca-
pricieuses, le son avait plus de force. Je sautai en
bas de mon lit; si la jeune fille avait été en face de
moi, je me serais mis à ses genoux et je lui aurais
dit : « Merci! » Que ces petits bonheurs sont
grands et combien ils paraîtront ridicules à beaucoup de gens! Cette voix a cependant été le plus
grand bonheur de ma vie : peut-être parce qu'il a
été le plus pur. La voix chantait toujours, et je dé-
couvrais des sentiments inconnus : peut-être y
avait-il un peu d'ironie pour le *monsieur* du dessous. Par moments, je pensais que je poussais un
peu loin mon analyse musicale; je me forgeais
sans doute des idées, car il était possible que la
portière n'eût rien dit à la voisine. Et elle continuait à chanter comme par le passé, pour se distraire, et sans y apporter d'idées moqueuses. Le
plaisir dont on se croit privé pour jamais est si
grand quand il revient, qu'il double de puissance;
c'est ce qui fait que les amants aiment tant à se
fâcher pour se raccommoder.

Je devins sérieusement amoureux de ma voisine et j'attendais ses entrées et ses sorties avec
impatience ; par un caprice singulier, je ne voulais
pas la voir, trop heureux du portrait que je m'étais
fait en moi. Elle est jeune, elle est jolie, elle est
sage. C'était surtout sa sagesse qui m'étonnait, pas
le plus petit amant ! Car supposer un amant au
dehors, c'était impossible ; elle sortait peu, sans
doute pour reporter son ouvrage, et jamais je
n'avais entendu quatre pas dans l'escalier. Le plafond n'était pas assez épais pour que je n'enten-
disse pas un homme marcher dans sa chambre.
Par la cheminée, j'entendais tout ce qui pouvait
se dire dans la mansarde ; j'étais tranquille de ce
côté. Mais quelle singulière existence que celle de
cette enfant seule, vivant tranquillement dans une
petite chambre au septième étage et ne rentrant
pas plus tard les dimanches que les jours ouvriers !
Elle n'allait même pas au bal ; c'était une orphe-
line. Qui est-ce donc qui avait pu l'élever dans des
principes aussi sages ? Voilà pourtant le Paris
qu'on appelle corrompu et où on rencontre encore
des grisettes vertueuses.

Comment faire pour la voir, la rencontrer, lui
parler ? Je peux tenir ma porte entr'ouverte et
attendre qu'elle descende ; aussitôt je sors, je me
trouve face à face avec elle sur le palier, qui est si
étroit ; je lui dirai bonjour : entre voisins, cela est

permis ; je descends avec elle les escaliers ; néces-
sairement, dans la rue, je vais de son côté ; nous
causons, je lui parle de sa jolie voix et je demande
la permission d'aller quelquefois lui rendre visite.
Non, cela ne vaut rien, j'emploierai le moyen des
allumettes, un moyen bien vieux, qui a toujours
réussi et qui existera toujours quand un jeune
homme demeure à côté d'une jeune fille. Rien n'est
plus naturel au sixième étage.

— Mademoiselle, auriez-vous la complaisance
de me faire cadeau d'une allumette ?

— Certainement, monsieur.

— Je vous demande pardon de vous avoir dé-
rangé, mademoiselle ; mais nous demeurons si
haut, qu'il est dur de descendre six étages pour
acheter des allumettes.

— Tout à votre service, monsieur.

Il faut être niais pour s'en aller aussitôt le cadeau
de l'allumette ; on trouve le logement de sa voisine
très-gai, l'air du premier étage en descendant du
ciel est toujours si pur ; si la voisine est coutu-
rière, il est rare qu'un garçon seul n'ait pas quelques petits points à raccommoder à la doublure de
son habit, un bouton à rattacher... Les paroles
diplomatiques échangées, on fait des compliments ;
jamais une femme ne se blesse d'un compliment.

« Décidément, pensais-je, j'irai demander des
allumettes. »

Tout d'un coup il s'éléva une voix en moi, qui n'était autre que ma conscience qui se réveillait. Elle avait l'air chagrin et bon qui lui est habituel, car je l'ai habituée à voir plus d'une méchante action ; elle en pleure silencieusement; mais, le lendemain, elle revient avec sa douceur et me tient rarement rancune du passé. Ma conscience me montra une jeune fille qui dormait tranquillement, les lèvres entr'ouvertes laissant passer un sourire ; sa tête était appuyée sur son bras; elle rêvait de fleurs, d'arbres, de fontaines. Le jour venait lentement d'abord avec son manteau gris-perle couvert de rosée ; dans le lointain, un trait aurore se dessinait à l'horizon; les oiseaux secouaient leurs ailes, se réveillaient et commençaient leurs chants du matin. La mansarde se teintait peu à peu des couleurs de l'horizon; la jolie dormeuse faisait un léger mouvement dans son lit, ouvrait les yeux tout grands et se mettait immédiatement à chanter tout en faisant son petit ménage. « Voilà l'enfant, me disait ma conscience, que tu veux connaître, aimer, séduire. Te sens-tu la vertu d'un attachement solennel pour la vie ? Alors monte à la mansarde. Mais ne serait-ce pas une fantaisie d'un moment, un caprice d'une minute ? Reste chez toi, contente-toi de cette jolie voix qui te réveille tous les matins et qui t'égaye l'esprit pour la journée. Séduire cette jeune fille, c'est lui faire perdre la voix : elle ne

chantera plus aussitôt qu'elle craindra de réveiller
quelqu'un à côté d'elle; en connaissant l'amour,
elle perdra la gaieté. Sois honnête envers cette
jeune fille, et tu trouveras dans ses chansons ma-
tinales un charme d'autant plus grand que tu seras
heureux de ta bonne action. »

Ma conscience parlait mieux que beaucoup de
prédicateurs; elle ne parlait pas longtemps, mais
ce qu'elle disait me touchait, car elle n'employait
que des discours simples et sentis. Je poussai un
soupir, et mes yeux tombèrent sur un gros paquet
d'allumettes que j'avais acheté la veille. « Je n'ai
pas besoin d'allumettes, » me dis-je. En ce moment j'entendis ma voisine qui fermait sa porte à
clef. « Maintenant que me voilà fort, pensais-je, je
peux bien la regarder. » Et j'ouvris ma porte pré-
cipitamment, comptant que je me trouverais forcé-
ment en face d'elle; mais elle avait déjà franchi un
étage et je ne vis que sa robe qui flottait à travers
les barres de l'escalier, une robe à pois bleus un
peu foncés, sur un fond clair! Je rentrai dans ma
chambre avec cette jolie robe en tête. Quelquefois
il passait devant ma fenêtre de petits morceaux
d'étoffe de soie qui descendaient lentement en tour-
noyant et se dirigeaient vers le toit voisin, suivant
la direction du vent. Je restais souvent un quart
d'heure à suivre dans l'air ces petits bouts de
ruban que ma voisine jetait sans doute pour ne

pas salir sa chambre, et je rêvais à mille incidents
qui me la rappelaient sans cesse au souvenir. Cependant je passai huit bons jours tranquille à partir
de l'avertissement de ma conscience, et il n'y avait
que les allumettes qui me troublaient chaque soir
lorsque je les frottais contre le mur pour allumer
la bougie. « Si cependant, me disais-je, j'avais un
jour réellement besoin d'allumettes, — cela peut
arriver, le paquet s'usera, je ne penserai pas à en
acheter, — est-ce que je n'aurai pas le droit d'en
emprunter à ma voisine ? »

Et, tout en disant cela, je m'apercevais que
je prenais deux allumettes au lieu d'une, que
sans le moindre prétexte je tenais des allumettes
à la main, enfin que je les prodiguais. A ce
commerce, le paquet s'usa promptement, et au
soir, je me trouvai sans moyen d'avoir de la
clarté. Je cherchai inutilement, longtemps sur ma
table si je ne trouverais pas une allumette éga-
rée, et sérieusement je me fâchai contre moi-
même.

— Ah ! qu'il est ennuyeux de descendre six
étages, m'écriais-je luttant le plus que je pouvais.
Ne pourrais-je pas entrer chez ma voisine poliment et lui demander ce petit service naturellement? Parce que tant de gens se servent de ce
moyen, est-ce une raison pour que j'en use? Aussitôt que ma voisine m'aura donné quelques allu-

mettes, je la remercie et je descends; je ne lui
dirai pas un mot de galanterie.

J'étais assis à moitié sur mon lit en raisonnant
de la sorte, et la conscience vint à mon secours
sans trop se montrer, car je me réveillai tout d'un
coup habillé et étendu sur mon lit; il faisait une
nuit obscure, on n'entendait plus dans la rue Montmartre qu'un cabriolet en retard qui roulait solitaire, sans craindre d'accrocher d'autres voitures.
Il devait être une heure du matin.

Je renonçai de moi-même au moyen des allumettes, et je passai une quinzaine assez tranquille,
me réveillant aux premiers accents de ma voisine;
j'avais toujours son image devant les yeux, une
image capricieuse que j'avais dessinée.

« Si j'y pense encore un mois, me dis-je, c'est
que je serai sérieusement amoureux; étant sérieusement amoureux, je ne connais plus de conscience, et je me déclare. L'amour ne s'inquiète
pas de l'avenir; il est pur quand il est sincère.
D'ailleurs, ma voisine finira par rencontrer un
homme qui certainement ne me vaudra pas, qui
n'aura pas de conscience... »

Je pensai alors que j'avais un peu gratté du
violon dans ma jeunesse, et, comme mes soirées
se passaient sans grande distraction, je résolus
au premier jour d'acheter un violon.

« Ma voisine sera bien étonnée, pensais-je,

quand elle se mettra à roucouler le matin, d'entendre un violon lui répondre. Cela lui fera oublier les paroles de la portière. »

Un matin, un 8 de juillet, je me le rappelle avec exactitude, car c'était le jour du terme; je sortis pour acheter un violon. J'entrai chez différents luthiers, mais on voulait me vendre trop cher ; alors je courus les marchands d'habits qui ont toujours un violon à côté d'un manteau et d'une clarinette ; mais aux uns il manquait des cordes, aux autres du son, à d'autres tout. Je finis par m'arranger avec un brocanteur d'un violon de sept francs qui n'était pas d'une mauvaise forme et dont la couleur me séduisit. Il avait du son pour plus de vingt francs, et je rentrai chez moi tout joyeux, riant en dedans de la surprise de ma voisine le lendemain matin.

— Eh bien, monsieur, me dit la portière, la petite ne vous réveillera plus.

Je sentis un cours extraordinaire à mon sang, et je devais être très-pâle.

— Qu'y a-t-il de nouveau ? dis-je.

— Ah ! monsieur, elle s'est piquée de ce que je lui ai dit, rapport à ce que vous m'aviez dit, elle a donné congé. Vous pouvez dormir tranquille, mademoiselle Aurore a déménagé ce matin.

— Aurore ! m'écriai-je. Elle s'appelait Aurore !..

VICTORINE.

I

Propos de bourgeois.

On se dit bientôt dans tout Château-Thierry que les comédiens allaient venir donner des représentations. Sur la grande place, les gros personnages du pays discutaient, car c'était là un événement extraordinaire.

— Voyons, disait l'un, est-ce bien certain?

— Sans aucun doute; M. Meynandier l'a lu dans l'*Argus*.

— Ah! si M. Meynandier l'a lu dans l'*Argus*...

— L'*Argus* est un journal bien informé, à ce que prétendent ces messieurs Marteau.

— Connaît-on le tableau de la troupe?

— Si c'était celle du premier arrondissement! on la dit composée de sujets fort capables.

— Tenez, voici M. Ponceau qui sort de la mairie et qui pourra nous en apprendre plus que personne.

M. Ponceau était le secrétaire de la mairie de Château-Thierry, une fonction importante des petites villes. Quoique âgé de quarante ans, il s'habillait en amoureux du théâtre de Madame : habit noir pincé, pantalon de nankin, chapeau gris, escarpins découverts et conserves en vermeil. Il avait à la main une *badine*.

M. Ponceau, pénétré de ses importantes fonctions, prétendait qu'il menait la mairie; il avait des allures de sous-préfet et passait dans la ville pour un homme *qui aime qu'on le regarde*. Aussi, voyant sur la place un groupe qui semblait l'attendre avec impatience, il ralentit le pas pour attirer la curiosité de ses concitoyens.

— Bonjour, monsieur Ponceau; comment va-t-on chez vous?

— Mes compliments à monsieur Ponceau.

— Je vous la présente, monsieur Ponceau.

Ces salutations et d'autres peuvent donner une idée du respect qu'on avait pour le secrétaire de la mairie, qui répondit tout simplement en badinant avec sa badine :

— Merci bien, messieurs, je vais comme le temps.

Après ces cérémonies, la question à l'ordre du jour fut entamée.

— Messieurs, dit le secrétaire de la mairie, je ne devrais peut-être pas livrer les secrets de l'administration, mais votre discrétion m'est connue ; je puis donc dire aux hommes honorables qui m'entourent que la troupe dramatique, actuellement à Soissons, est celle du second arrondissement théâtral ; le directeur qui tient le privilége se nomme Saint-Victor.

L'assemblée ne put contenir un *ah !* de curiosité presque satisfaite.

— Pardon de mon indiscrétion, monsieur Ponceau, dit un des curieux : pourriez-vous nous donner la composition de la troupe ?

— Volontiers, messieurs ; je crois avoir sur moi la lettre d'avis qu'adresse M. Saint-Victor à l'administration.

— Eh ! voici M. Marteau qui vient de ce côté !

— Est-ce M. Marteau-Grénat ? dit le secrétaire de la mairie en clignant de l'œil.

— Non, monsieur Ponceau, c'est Marteau-Isidore.

— Tant mieux ! Pour rien au monde, je n'eusse

5

voulu souffler le moindre mot ayant rapport à l'administration devant M. Marteau-Grénat.

— Oui, il est trop bavard; mais on peut se fier à Marteau-Isidore.

Il arrive souvent, dans les petites villes, que des parents portant le même nom exercent un commerce quelconque; d'où l'usage de doubler leurs noms, soit d'un sobriquet, soit d'un nom de baptême, soit du nom de la femme. C'est ce qui fait que les frères Marteau, ayant tenu, l'un le commerce de draperie, l'autre le commerce de quincaillerie, étaient désignés : l'aîné sous le nom de Marteau-Grénat (il avait épousé une demoiselle Grénat); le second, sous le nom de Marteau-Isidore, en raison de son prénom baptismal. Quand les deux frères se furent retirés du commerce, leurs concitoyens continuèrent à les appeler comme par le passé; cependant, s'il était question des frères Marteau collectivement, on disait *ces messieurs* Marteau.

M. Ponceau, qui craignait M. Marteau-Grénat, homme important, membre du conseil municipal, était loin de se douter que le frère qui arrivait était bien plus à craindre encore.

Marteau-Isidore savait tout ce qui se passait dans Château-Thierry. Il eût pu dire ce qu'on avait mangé le jour même à la table du sous-préfet, le nombre des rendez-vous donnés pour le soir au

Bois-Jolyet, les affaires les plus secrètes de Mᵉ Honoré, un avoué fin comme trois procureurs; enfin le bourgeois savait tout, mais il ne disait rien, et personne ne se douta des terribles confidences qu'on enterra avec ce gros homme dans son cercueil.

Marteau-Isidore avait plus d'un point de ressemblance avec les avares; il se récréait de ses montagnes de nouvelles, de secrets, de mystères; il les pesait, il les remuait dans sa cervelle : il en jouissait à lui tout seul, comme l'autre de son or.

Quand le nouvel arrivé eut salué ses connaissances, M. Ponceau lut le tableau de la troupe.

— Nous avons d'abord M. Auguste, jeune premier rôle en tous genres; secundo...

— Monsieur Ponceau, dit le commissaire de police, qui amenait dans le groupe son chapeau à cornes et son écharpe tricolore, on vous attend à la mairie.

— Eh! qu'on attende! répondit sèchement le petit secrétaire. Qu'est-ce encore?

— C'est M. le sous-préfet.

Sans répondre, M. Ponceau se mit à marcher à grands pas, laissant les curieux fort empêchés de connaître les détails promis.

II

Arrivée des ragotins.

A Château-Thierry, la moindre voiture qui s'arrête est un événement : une voiture apporte toujours deux ou trois figures nouvelles, et la province est excessivement friande de nouvelles figures!

Aussi, vers une heure de l'après-midi se forma-t-il un certain noyau de braves gens devant l'hôtel du *Soleil d'or*, où descend l'entreprise Menesson. L'entreprise Menesson est une façon d'omnibus ruiné qui dessert la route de Soissons à Château-Thierry ; cette pataché contient six personnes à l'intérieur, et deux sur la banquette. D'ordinaire, elle n'amène guère que trois personnes; mais, ce jour-là, la voiture était pleine, et la bâche regorgeait tellement de paquets, de caisses, de malles, que chacun se dit avec un air de joie non dissimulé :

— Voilà les comédiens!

On courut bien vite au débarquement.

Menesson, le conducteur, descendit de son siége; après lui, un très-maigre jeune homme, qui était serré convulsivement dans une redingote râpée. Les plaisants de la foule se dirent :

— En voilà un qui observe les quatre-temps, le jeûne, les vigiles, *tout le diable et son train*.

De la seconde *banquette*, descendit un gros homme à sourcils grisonnants, et qui ne pouvait être que le musicien, car il tenait à la main un emblème irrécusable de sa profession, une boîte à violon.

Menesson ouvrit sa voiture, d'où sortirent successivement :

Une dame d'un âge respectable, porteur d'un cabas et d'un chien de petite dimension, présumablement la duègne;

Un personnage dont la figure avait été horriblement tracassée par la petite vérole;

Une jeune femme dont l'état de grossesse commençait à être visible, et qui pria son camarade Saint-Prix de l'aider à descendre;

Puis Saint-Victor, le directeur : on n'en pouvais douter à ses façons souveraines, à sa redingote polonaise et au ton qu'il prit à l'endroit de Menesson.

— Allons donc, Victorine ! viens donc, dit-il.

Victorine descendit : c'était une jeune fille de dix-huit ans, pâle, les traits fatigués, qui paraissait l'humble servante du directeur de la troupe.

— Verdelet, passe-moi ma capote, dit-elle.

Verdelet, le nez et les cheveux rouges, qui jouait les *seconds comiques*, apporta la capote.

La troupe, au complet, attendit sous la remise que Menesson eût déballé les malles, dont on lui recommanda bien la préservation ; après quoi, la bande râpée entra dans une des salles du *Soleil d'or*.

— *Ma fique*, dit une grosse femme dans le groupe, ce n'est pas qu'ils ont l'air trop *gadrus*, vos comédiens.

— Il faut les voir aux lumières, dit un ami des arts.

— Ah ! je crains bien, ajouta une commère, que mes chambres à vingt francs ne soient point encore *étrennées*.

— Avez-vous vu la petite brune ? dit Marteau-Isidore à un bourgeois.

— Oui, elle est fort bien. Comment donc son mari l'appelle-t-il ?

— Victorine.

— C'est ça même ; elle doit bien jouer, celle-là !

— Je vous le dirai après-demain, dit Marteau-Isidore.

— Eh ! malin, quand vous l'aurez vue, ça ne sera pas difficile.

Les commentaires s'allongèrent ainsi tout le jour, dans les rues, à la promenade, à la couture et ailleurs.

III

La répétition.

Les comédiens étaient assis, après leur dîner, devant un grand bâtiment de maussade apparence, qui est le théâtre.

— Louis, dit Saint-Victor au chef d'orchestre, as-tu vu nos musiciens?

— J'ai couru toute l'après-midi... c'est le tonnerre pour les avoir! Celui-là ne sait pas s'il pourra, celui-ci est fatigué; la contre-basse est malade; le percepteur, qui joue du violon, craint de se compromettre en venant à l'orchestre.

— Enfin, sur qui comptes-tu?

— Voilà : une clarinette, payée ; un violon, payé; une flûte, payée ; un cornet, payé.

— Ça ne peut pas marcher ainsi, dit Saint-Victor au comble de l'indignation. Je me soucie bien de ta musique, à ce compte-là... Mais tu vois bien que tes musiciens mangeront la recette ! As-tu besoin de clarinettes, de flûtes, de cornets, des tapageurs qui couvrent les voix ? On n'entend pas les couplets. Ah ! s'ils ne coûtaient rien, je te dirais : Amène-moi des trompettes, des trombones, une grosse caisse ; la musique fait toujours plaisir. Mais il faut songer aussi un peu à nous. Qu'est-ce que vous diriez, si je payais la musique sans vous garder un sou ?

— Nous avons aussi des amateurs, dit Louis.

— A la bonne heure ! j'aime les amateurs.

— C'est que je crains qu'ils ne soient pas forts musiciens.

— Bah ! bah ! ce sont les meilleurs !... Ils ont beaucoup de zèle ! Combien comptons-nous d'amateurs ?

— M. Théodore, un jeune homme de bonne famille, qui joue le violoncelle pas mal, m'a-t-on dit, mais qui n'a jamais fait de musique d'ensemble.

— En voilà un bon ! Il ira, il ira !

— Un petit collégien, pour le cor.

— Très-bien ! j'aime beaucoup le cor !

— Un vieil amateur, à l'alto.

— Bon ! ça va ! Un alto, un cor, un violoncelle.

— Et puis le fils du garçon de théâtre, qui joue les timbales ; c'est un garçon très-adroit qui a construit lui-même son instrument.

— Ah ! bravo ! un timbalier, voilà ce qu'il nous fallait. Tu vois bien, Louis, que tu n'étais pas raisonnable avec tes gagistes. A quoi bon tes clarinettes et tes flûtes ? il y aura des timbales ! Mais, dans certains pays, je le mettrais sur les affiches, et je ferais des recettes forcées avec ces cinq mots en grandes capitales : IL Y AURA DES TIMBALES ! Tiens, je m'humanise, tu garderas les musiciens payés.

— Ça ne peut pas faire de mal, dit le chef d'orchestre.

— Mais nous ne les payerons pas.

— Ils ne viendront pas.

— Ah ! tu ne sais rien de rien, dit Saint-Victor ; on s'arrange avec eux, on les entortille. Ne peux-tu pas leur dire : « Nous sommes tous artistes... La ville n'est pas bonne pour les recettes... Entre confrères, on ne se dévore pas ; si la recette marche, alors, nous verrons... »

— Tu as raison, dit Louis ; je verrai à les *coller*... Ah ! voilà notre violoncelle.

Théodore était un jeune homme blond, d'allures timides, quoique distinguées. Il portait son violon-

celle sous le bras, les doigts passés entre les cordes
et le chevalet. Il rougit beaucoup en traversant le
groupe des acteurs.

— Exact à l'appel, monsieur Théodore, dit Louis ;
vous êtes le premier arrivé.

Théodore salua sans répondre. L'*alto*, un des
amateurs les plus dévoués de la société philharmonique, ne se fit pas atttendre. Le timbalier et le
petit cor vinrent ensuite. Les musiciens gagés n'arrivaient pas.

— Croient-ils donc qu'on les paye, dit Saint-
Victor, pour ne pas venir aux répétitions ?

— Je les ai vus entrer au café de la Comédie,
répondit le chef d'orchestre ; ils boivent déjà leur
cachet. Je vais leur parler.

— N'oublie pas, dit Saint-Victor, de les prévenir ; tu sais...

Louis trouva les musiciens attablés ; il les prit à part
en leur faisant entendre que la caisse était maigre-
ment garnie pour le moment, mais qu'on les dédom-
magerait plus tard. Clarinette, flûte et violon, gens
naïfs et timorés, n'osèrent refuser leur concours.

La salle de spectacle, éclairée par six chandelles
servant à l'orchestre et au souffleur, était encore
plus triste à l'intérieur qu'à l'extérieur. Toute la
troupe, montée sur les planches, paraissait plus
maigre et plus râpée que jamais, à la lueur incer-
taine de ces chandelles.

— Voyons d'abord les *ensembles*, dit Louis, grimpé sur son haut tabouret de chef d'orchestre. Allons, le chœur ! Valmont, Célicourt, tout le monde ! Il est bien entendu que les personnages qui ne seront pas en scène à la représentation chanteront dans la coulisse. Madame Félix ! Où est madame Félix ?

— Voilà, mon petit, dit en accourant madame Félix, qui était la duègne.

— Je lis quelques paroles avant la ritournelle, dit Saint-Victor : « C'est bien, mes amis, c'est bien, modérez vos transports; voici pour boire à ma santé. » Vous criez alors : « Vive monseigneur ! » Eh bien, personne ne crie?... Fais attention, Célicourt, c'est toi qui mènes la *figuration*.

— Vive monseigneur ! cria le chœur.

Le chef d'orchestre entonna la ritourelle sur le violon.

— Diable ! dit-il, un solo de hautbois ! Et nous n'avons pas de hautbois ! Si la clarinette voulait essayer le solo, cela irait aussi bien; comme il s'agit d'une fête villageoise...

La clarinette regarda la partition et essaya vaguement de la déchiffrer ; mais le résultat ne répondit pas aux espérances.

— Voyons la flûte, alors, dit Louis; c'est encore un instrument champêtre... Ça va, ça va ! Très-bien, la flûte ! L'ensemble, messieurs ! Les

chanteurs, commencez : « Gloire à monseigneur! »
N'ayez pas peur de faire du bruit!... Bon! le petit
cor, soufflez ferme !

— Une simple observation, dit Saint-Victor
après le chœur : je n'entends pas les timbales.

— Les timbales n'ont rien à voir là dedans, dit
Louis.

— C'est dommage! Il me semble que les timbales feraient fort bon effet : rien qu'un roulement.

— Si tu y tiens, monsieur fera un roulement...
Maintenant, messieurs les amateurs, je vous recommande la plus grande attention. Nous allons
répéter le grand air de Victorine : c'est un morceau
à effet, un morceau d'opéra.

— Un morceau de roi, dit le comique.

— Mon chéri, dit Saint-Victor à Verdelet, nous
n'avons pas le temps de faire des calembours.

— Victorine, dit Louis, soigne bien la mesure.
A nous, messieurs. Je bats une mesure d'avance...
Surtout, très-piano.

L'orchestre commença. C'étaient des couplets
arrangés sur un motif de la Cenerentola. Victorine,
qui remplissait les fonctions de prima donna, au
besoin, chantait cet air d'une façon assez agréable.
Tout d'un coup elle s'arrêta.

— Je n'entends pas la basse, dit-elle.

— Ni moi, dit le chef d'orchestre.

Théodore, qui jouait pour la première fois en

public, avait jugé prudent de passer sous silence un chant de violoncelle.

— Est-ce que vous ne voyez pas le solo, monsieur Théodore? dit Louis.

— Je vois bien, répondit le jeune amateur à voix basse; mais...

— Si monsieur voit, dit Victorine, pourquoi ne joue-t-il pas ?

— Allons, messieurs, recommençons.

On reprit le grand air. Au passage de violoncelle, Théodore perdit courage et crut qu'il allait se trouver mal.

— Je ne peux pas chanter ainsi ! s'écria Victorine.

— Cependant rien n'est plus simple, dit le chef d'orchestre en se tournant vers le jeune homme. Écoutez le passage.

Il exécuta la *rentrée* sur le violon.

Théodore était anéanti, les bras pendants et la tête courbée sur son violoncelle. Le rouge lui montait aux joues et son front était humide de sueur.

— C'est que le jeune homme est un peu timide, dit le vieil amateur qui était à l'alto. S'il n'avait pas peur, il jouerait dans la perfection. Du courage ! Théodore.

— Je ne pourrai jamais ! dit Théodore.

— Dire qu'il a joué samedi chez moi des quatuors d'Haydn à première vue, reprit l'alto.

Mais ces compliments ne servaient qu'à troubler de plus en plus le jeune musicien.

— Non, dit-il, je ne pourrai pas.

— Que vient-il faire ici alors? dit Victorine à demi-voix.

Théodore avait entendu; sans répondre à cette grossièreté, il se leva, renversa un pupitre dans son trouble, et sortit de l'orchestre.

— Ah! Victorine, dit le directeur, on ne se conduit pas ainsi avec des amateurs.

— Oui, j'ai eu tort, dit-elle : je cours après lui.

Victorine descendit en toute hâte du théâtre, et trouva dans le corridor Théodore, qui s'en allait, blessé d'avoir été humilié devant tant de monde. Elle lui prit les mains.

— Ah! monsieur, dit-elle, vous ne partez pas?

— Laissez-moi, madame.

— Voyez-vous, je suis une bonne fille au fond. Je m'emporte, mais je ne suis pas méchante, monsieur, croyez-le. M'en voulez-vous beaucoup?

Théodore était tout ému. Qu'on pense! une actrice qui demande pardon, qui serre les mains d'un jeune homme de dix-huit ans.

— Vous ne m'en voulez pas, n'est-il pas vrai? Tenez, réconcilions-nous.

Sans plus attendre, elle sauta au cou de Théodore, et elle sentit deux larmes sur les joues du jeune homme.

— Ah ! je vous aime mieux comme cela que
fâché. Demain, venez à mon hôtel, apportez votre
basse ; nous répèterons ensemble le morceau, et
tout ira pour le mieux.

Elle lui serra les mains en le quittant. Théodore
revint à son pupitre le cœur battant. La musique
qu'on étudia jusqu'à la fin de la répétition, et qui
était plus que boiteuse, lui sembla mille fois préfé-
rable aux symphonies les plus mélodieuses. Qu'est-
ce que Beethoven à côté du moindre cotillon qui
chante : Je t'aime !

IV

M. Ponceau se fait voir sous un jour littéraire.

Personne n'entre aux répétitions, à moins qu'une haute position sociale ne lui ouvre les portes du théâtre à deux battants. En sa qualité de secrétaire de la mairie, M. Ponceau jouissait de ce privilége. Il avait amené avec lui Marteau-Isidore, son ami. Tous deux, assis sur une banquette du parterre noyé dans l'ombre, avaient suivi les petits malheurs de Théodore.

Quand Victorine était descendue dans le couloir faire ses excuses au jeune homme, Marteau-Isidore s'était levé sournoisement de sa place, et avait écouté le dialogue qui amena la réconciliation.

M. Ponceau était plus qu'un autre intéressé à connaître l'intérieur des coulisses et les petits secrets de théâtre dont les provinciaux se font des montagnes de scandales. M. Ponceau passait, dans les meilleurs salons de la ville, pour un homme très-spirituel. Aussi l'imprimeur qui publie chaque semaine un petit journal non politique destiné aux insertions judiciaires, ventes, saisies, licitations et autres produits de la chicane, était-il venu jadis supplier M. Ponceau d'accepter la rédaction litté- raire de son journal.

Jamais amour-propre littéraire ne fut aussi vive- ment émoustillé que celui du secrétaire de la mai- rie à cette offre. Jusqu'alors il n'avait produit que des vers de circonstance, des couplets, des poésies de clocher ; mais d'être imprimé, M. Ponceau n'avait osé y songer. Il remercia d'abord avec une modestie feinte le propriétaire gérant du *Foyer*, *feuille d'annonces, commerciale, agricole et littéraire*. L'imprimeur pria tant et tant, que M. Ponceau consentit, à son corps défendant, dit-il, à donner ses soins à un journal.

Il y avait déjà deux ans que les notaires, les huissiers, qui reçoivent gratuitement le journal à cause de leurs annonces, lisaient chaque semaine des poésies légères, signées : *Théobald le Rimeur*, *de Château-Thierry.* Le pseudonyme n'est qu'une façon humblement ambitieuse de crier tout haut son vrai nom.

La ville apprit le même jour que Théobald le Rimeur n'était autre que M. Ponceau. On remarqua d'ailleurs que le soir de l'apparition du *Foyer,* le secrétaire de la mairie s'était promené, porteur d'un habit neuf et d'un sourire mystérieux, un sourire d'auteur.

Cette poésie fut diversement commentée à la soirée du juge de paix. La majorité blâmait, la minorité louait en disant d'un air de conviction :

— Tout le monde n'en ferait pas autant.

Ou bien :

— Je voudrais vous y voir, monsieur.

Ou bien :

— Les beaux vers sont extrêmement rares. Citez-moi beaucoup de bons poëtes aujourd'hui.

A quoi les détracteurs répondaient :

— Ce n'est pas à l'âge de M. Ponceau qu'il faut se mettre à écrire. Il n'est plus de la première jeunesse.

— Et puis, disait un démocrate, M. Ponceau doit songer aux intérêts de la ville avant tout. Que diable ! nous ne payons pas des impôts, des octrois exorbitants, des portes et fenêtres, *toute la boutique,* pour que M. le secrétaire de la mairie passe son temps à faire des vers.

Ainsi de suite et avec de nombreuses variantes dans chaque famille.

M. Ponceau n'avoua pas hautement ses poésies, mais il confiait son secret à toutes ses connaissances en recommandant le plus profond mystère.

— Je ne le dis qu'à vous seul, disait-il.

Un jour vint, par hasard, une troupe de comédiens prétendus parisiens, sous la direction de M. Hector, se disant sociétaire de la Comédie française, et M. Ponceau eut l'ingénieuse idée de troquer sa plume d'aigle de poëte contre la plume d'oie du critique. Il rendit compte des représentations sous le pseudonyme de *Diogène*. — Dans beaucoup de sous-préfectures, il y a un critique amateur qui signe Diogène.

Les articles furent généralement trouvés *bien écrits*, le plus grand éloge employé par la province. Une autre troupe vint plus tard; nouveaux articles critiques, qui, cette fois, valurent à l'écrivain une récompense, du moins le dit-on encore à Château-Thierry. M. Ponceau passa pour avoir des *intrigues* avec toutes les actrices.

Le *monde* n'en fit que meilleur accueil au galant secrétaire. Le vrai est que M. Ponceau fréquentait les coulisses et donnait de temps en temps aux actrices un conseil doublé d'une tape sur la joue; mais il en resta aussi vertueux que par le passé. Le déluré de la vie théâtrale l'effrayait, et il n'eût jamais osé faire la cour à une comédienne.

Cependant il s'intéressait aux moindres détails de la vie des comédiens, et il était infiniment glorieux de sa position de critique. Les directeurs lui touchaient la main quand il passait au contrôle; les acteurs le saluaient jusqu'à terre quand ils le rencontraient par les rues.

Le soir de l'arrivée de la troupe Saint-Victor, M. Ponceau se coucha très-heureux, en rêvant à ses articles prochains sur les débuts.

V

Un ménage d'artistes dramatiques.

A dix heures du matin, Théodore entrait à l'auberge du *Soleil d'or*, sa basse sous le bras, en
demandant mademoiselle Victorine. On lui indiqua
le n° 18. Il frappa.

— Entrez, répondit-on.

Théodore ouvrit la porte.

— Ah! pardon, dit-il en restant sur le seuil.

Victorine était encore au lit.

— Tiens, c'est vous, monsieur! Quelle heure
est-il donc? dit-elle en étendant les bras.

Le jeune homme parut très-étonné de l'aspect
de la chambre. C'était comme une maison au
pillage. Cinq malles fermées étaient groupées
dans un angle; au milieu de la pièce, deux malles
ouvertes semblaient avoir été fouillées par une
bande de voleurs. Des brochures de théâtre, vieil-
les, neuves, déchirées, raccommodées, gisaient sur
une table, sur la cheminée; un chapeau de soie
montait à l'assaut d'un chapeau de velours. Sur
la table de nuit, se voyait une pipe et du tabac,
près d'une boîte ouverte, où des poignards, des
colliers, des bracelets, des couronnes, des déco-
rations, montraient au jour leur clinquant noirci.
Enfin une macédoine d'objets d'un accouple-
ment peu naturel expliquait assez l'étonnement de
Théodore, élevé dans la bourgeoisie par une
mère soigneuse.

— Prenez une chaise, dit Victorine. Ah ! reprit-
elle en riant, vous êtes un peu surpris de tout ce
remue-ménage; nous n'avons pas encore eu le
temps de ranger... Otez ce qu'il y a sur cette
chaise, mettez-le n'importe où.

Théodore avisa une chaise, veuve par hasard
de vêtements.

— Asseyez-vous près du lit. Nous causerons
un moment. Vous êtes bien aimable d'être venu...
c'est la meilleure preuve que vous m'avez par-
donné.

— Oh! mademoiselle, dit Théodore.

— Il y a bien longtemps qu'on ne m'a appelée mademoiselle.

— Vous êtes mariée?

Victorine soupira. La porte s'ouvrit.

— Je te dérange, ma belle, dit Verdelet en entrant. Ah! c'est la petite basse, reprit-il en reconnaissant Théodore. Comment vas-tu, Victorine?

— Et toi?

— Pas richement. Où est passé Saint-Victor?

— Il est sorti.

— J'aurais pourtant besoin de le voir, n'ayant pas le bonheur d'être en relation avec les banquiers de ce pays. Figure-toi, Victorine, que la troupe précédente nous a *brûlés*. Crédit est mort dans les auberges. On me demande une semaine d'avance. Bien obligé...

— Saint-Victor n'a pas d'argent, dit Victorine.

— Il compte sur la recette de demain, alors. Et si on ne fait rien? En voilà un qui jouerait avec succès le *Directeur dans l'embarras*, et sans avoir besoin d'étudier son rôle... Ah! je ris, parce que c'est mon emploi; mais, au fond, le pauvre Verdelet est triste comme la lune.

Théodore écoutait avec étonnement ces mystères de bohême dramatique.

— Autre chose, ma petite, dit Verdelet. Il doit

te rester encore quelques bribes d'un certain velours vert splendide dont je me fis jadis un habit de marquis. Le beau velours ! Je me rappellerai toujours le succès que j'obtins dans cet habit.

— N'est-ce pas, dit Victorine, le velours sur lequel tu collas de petites paillettes de papier argenté?

— Celui-là même... Ah! qu'il était beau! Peut-être même trop beau pour un habit de second comique... Enfin, t'en reste-t-il encore ? J'ai besoin d'une casquette de chasse dans un vaudeville à poudre; je ferais avec ce velours une bien belle casquette.

— Il m'en reste très-peu, et il est fort éraillé... Cherche dans cette malle.

— Bah! on ne verra pas, le soir... Comment! il est magnifique! Oh! que je te remercie! Au lieu de dîner, je vais bâtir ma casquette. Adieu.

Verdelet, le comique, partit très=heureux d'être entré en possession du velours.

— Il est bien gai, dit Théodore, pour un homme qui ne dînera sans doute pas.

— Nous sommes tous ainsi au théâtre. Nous vivons Dieu sait comme. A Soissons, Saint-Victor, qui n'a pu payer ses acteurs, a répondu pour cinq cents francs de dettes.

— Oh! s'écria Théodore, moi qui vous croyais si heureux...

— Heureux, nous? Hélas ! vous ne vous doutez guère de l'horrible métier que nous faisons là. Je passe pour être jolie et pour ne pas manquer de talent; eh bien, il y a deux ans, je n'ai jamais pu me faire engager sur le plus modeste théâtre parisien qu'à des conditions déshonorantes. Dans ce temps-là, je croyais que la jeunesse, la beauté, l'intelligence et l'étude suffisaient pour être reçue dans un théâtre. Ma mère le croyait aussi, la pauvre femme ! Elle travaillait tout le jour pour nous deux; jamais elle n'aurait consenti à me voir coudre. J'achetais tous les drames de l'Ambigu, de la Porte-Saint-Martin, de la Gaîté, et j'apprenais par cœur les rôles d'héroïnes. Quand ma pauvre mère revenait le soir, je lui déclamais les passages à effet. Elle pleurait, elle était heureuse. « Tu deviendras une grande actrice, disait-elle, tu gagneras beaucoup d'argent. Moi, j'irai dans un petit coin noir, où on ne me verra pas, t'écouter et entendre ce qu'on dit de toi. Quand on t'applaudira, c'est sûr qu'on t'applaudira, j'en serai aux larmes. Ah ! Seigneur, il me semble que je me voie : est-il possible que je sois la mère de la princesse qui joue là en ce moment? » Les dimanches, à force d'économies, nous allions au théâtre voir les drames en vogue. Ma brave mère ne perdait pas un mot de la pièce, ni moi non plus, je vous assure. Par exemple, dans les

entr'actes, les commentaires allaient leur train.
« Cette mademoiselle Clarisse a bien du talent,
disait-elle ; mais toi, ma fille, tu en auras bien
davantage. Tu es plus jeune, plus belle. » Elle
poussait ainsi l'enthousiasme à ses dernières
limites. Au bout d'un an, je lui avais récité tous
les drames et mélodrames connus. « Écoute, me
dit ma mère, je fais le ménage d'un jeune homme
qui. veut jouer aussi la comédie. Ça ne me suffit
plus de t'entendre toute seule ; je voudrais connaître les réponses. Peut-être que cela te montera,
et que tu diras mieux, si c'est possible. » Vous
comprenez, Théodore, que c'était là mon plus
grand désir. Le jeune homme vint. Il était joli
garçon, bien mis ; il avait de petites moustaches
noires, du linge fin, des *gnoleries* qui séduisent
les jeunes filles. « Récite donc *Angèle* à monsieur,
dit ma mère. — Quel immense talent vous pos-
sédez ! s'écria-t-il. Jamais je n'ai vu au théâtre
autant de passion, autant de vraies larmes. Ah !
mademoiselle, si les directeurs se doutaient de la
perle dramatique qui s'étiole dans cette mansarde,
ils feraient queue à votre porte. » Je le crus tout
bonnement, d'autant plus que son langage de roman me plaisait à la folie, et je lui demandai
comment il fallait faire pour être engagée. « Rien
n'est plus facile, mademoiselle : nous devons
donner prochainement une représentation entre

amis, au théâtre Chantereine. Tous les journalistes, tous les directeurs de Paris, y seront... à
cause de moi. Voulez-vous débuter ce jour-là ? je
vous jure qu'un engagement vous attend... »

Midi sonna à la pendule.

— Je bavarde, dit Victorine ; dans trois quarts
d'heure, je suis forcée d'aller à la répétition. J'ai
encore à m'habiller et à chanter avec vous cet air...
Ça ira-t-il, aujourd'hui ?

— J'ai beaucoup étudié le petit solo, dit Théodore.

— Voyons, prenez votre musique, mettez-la
sur une chaise... Je chanterai dans le lit.

Cette fois, Théodore accompagna admirable-
ment. Le violoncelle se marie d'une façon mélancolique avec la voix de femme. Victorine, sans
s'en douter, mettait dans son chant plus d'âme
que de coutume. Théodore, penché sur son instrument, oubliait la chambre d'hôtel garni, il
oubliait l'actrice, il oubliait Saint-Victor ; ses fibres
se noyaient dans l'harmonie. Il parut sortir d'un
rêve quand le morceau fut terminé. Victorine ne
pensait plus à son léger costume.

— Eh bien, dit-elle en s'enveloppant pudique-
ment dans les draps, je n'étais plus à moi.

— Ah ! comme vous avez bien chanté ! s'écria
Théodore.

— Vraiment ! fit-elle en souriant. Mais je vous

remercie bien plus ; jamais aucun musicien ne m'a accompagnée comme vous. Il m'a semblé que votre violoncelle pleurait.

Après un moment de réflexion :

— Que c'est désagréable de vous quitter ! dit-elle.

— Oh ! oui.

— Nous nous reverrons.

— Vous ne m'avez pas raconté, dit Théodore, la fin de vos débuts au théâtre.

— Venez demain, mon ami, avec votre basse, pour ne pas exciter...

Elle s'arrêta en hésitant. Théodore écoutait.

— Pour ne pas exciter ?... demanda-t-il.

— Oh ! rien. Allons, à la même heure demain.

VI

Mystères de province.

Le même jour, Théodore se promenait, seul, le long des bords de la Marne. D'habitude, il était mélancolique et rêveur ; mais il paraissait agité ; il marchait d'une façon inquiète et tourmentée, tantôt à grands pas, tantôt s'arrêtant avec brusquerie à regarder couler la rivière, tranquille et verte.

Il avait dépassé, pour être plus solitaire, l'endroit où les bourgeois de la ville se promènent

7

habituellement; aussi fut-il étonné et médiocrement content de rencontrer, étendu sur le gazon, derrière une haie, Marteau-Isidore, qui semblait très-heureux de regarder les nuages.

— Eh bien, jeune homme, dit le bourgeois, avez-vous été plus heureux aujourd'hui *sur* votre instrument?

Quoique Théodore n'eût jamais eu la moindre relation avec Marteau-Isidore, cette question ne le surprit pas, les personnes âgées ayant, en province, des droits aussi sacrés que ceux des vieillards à Sparte; mais la nature de la question l'inquiéta. On savait donc dans la ville, pensa-t-il, qu'il avait été le matin chez l'actrice.

J'étais à la répétition d'hier, continua Marteau, et j'ai tout entendu par hasard.

Théodore ne répondait pas.

— Vous avez tort d'être timide, jeune homme, car vous passez pour bien pincer du gros violon.

— De la basse, vous voulez dire.

— Bah! je m'entends. Écoutez-donc, je ne suis pas musicien, moi... Dans ma jeunesse, je jouais de la flûte, mais en amateur tout à fait. On apprend beaucoup mieux la musique aux enfants à l'heure qu'il est. Comme je vous disais, je passais ce matin près du *Soleil d'or*, et je vous ai vu entrer, votre gros violon sous le bras.

— Avec ma basse, dit Théodore en souriant.

— Vous y êtes resté deux heures approchant.

— Non, monsieur; j'ai répété très-vivement mon morceau, une demi-heure tout au plus.

— Permettez, ma montre est très-juste. A dix heures cinq, vous entriez, à midi quarante, vous sortiez.

— Mais, monsieur! dit Théodore en trouant la terre avec sa botte.

— Voyez, je vous fais bonne mesure. Du reste, ça se conçoit : vous êtes jeune, la petite Victorine n'est pas déplaisante. Eh! eh! il faut que jeunesse se passe.

Théodore sentait la colère lui monter à ces questions et à ces commentaires indiscrets.

— On avait eu le soin de renvoyer le mari. Ah! jeune homme, jeune homme, je suis un vieux routier, moi qui vous parle, dit Marteau-Isidore en faisant rouler ses gros yeux inquisiteurs.

— De quel mari parlez-vous, monsieur? dit Théodore, qui se sentait de violentes envies d'envoyer le questionneur prendre un bain dans la Marne.

— N'ai-je pas aussi rencontré Saint-Victor, le directeur, vous savez bien... C'est lui le mari, ou à peu près, de votre flamme.

— Ma flamme! s'écria Théodore au comble de la colère.

— Mais oui; il vous faut donc des points sur

les i? Ne vous a-t-elle pas embrasé en vous embrassant? eh! eh! fit en ricanant le terrible bourgeois, fort heureux de son jeu de mots.

En entendant cette plaisanterie, Théodore devint pâle. Sa figure se contracta; il s'arrêta, les poings crispés, devant son interlocuteur.

— Monsieur! s'écria-t-il, je vous demanderais raison de vos goguenarderies si vous en valiez la peine. Mais tout le pays vous méprise. Vous savez bien que vous avez ruiné les petits commerçants de la ville. Vous savez bien que vous vous êtes enrichi en volant vos pratiques. Est-ce qu'on devrait parler à un homme de votre espèce? Je suis bon de me mettre en colère pour vous qui prêtez à la petite semaine, vous, un infâme usurier!

A son tour, Marteau-Isidore pâlit de rage. Il voulut répondre, mais la voix lui manquait.

Théodore partit après avoir jeté un dernier regard de mépris au bourgeois, qui ne reprit son sang-froid qu'en voyant le jeune homme disparaître.

— Tu le me payeras, toi! dit-il sourdement.

Puis le bourgeois reprit aussitôt son masque calme; et, comme un bruit de pas et de voix se fit entendre non loin, Marteau s'étendit sur le gazon, derrière la haie, à la place où l'avait trouvé Théodore.

VII

Mise en scène d'une comédie.

Les arrivants étaient le secrétaire de la mairie et Saint-Victor. Tous deux causaient avec chaleur.

— Le plus profond secret sur cette affaire, disait M. Ponceau.

— A qui le dites-vous? répondait Saint-Victor; toute la comédie est là; cependant, j'en reviens à ce que je vous disais tout à l'heure, la vue du pays est nécessaire.

— Monsieur Saint-Victor, il y a dans les magasins un décor représentant une ville, un décor très-propre encore. Il peut lutter avec le petit salon orange.

— Ça ne fait pas notre compte. Si les habitants ne reconnaissent pas la petite place où l'on vend de la viande...

— La Placette, comme nous l'appelons ?

— Précisément, la Placette, j'ai besoin d'une Placette. Il faut qu'on y voie les maisons avec les enseignes et les noms sur les enseignes. Tout le succès viendra du décor de la Placette... Je ne dis pas cela pour mettre en doute vos instincts dramatiques, au contraire ; mais vos charmants petits couplets, car je sais que vous n'en faites que de charmants, y gagneront... l'intrigue aussi. Au fait, avez-vous une intrigue ?

— C'est assez intrigué, dit complaisamment M. Ponceau. Je vous ai dit le commencement de l'ouvrage, vous allez voir. Nous en étions au jeune homme... Le mari ignore que c'est l'amant de sa femme, elle le fait passer pour son cousin... N'est-ce pas un peu risqué ?

— C'est selon, dit Saint-Victor.

— Ne vous gênez pas, dites vraiment le fond de votre pensée.

— Non, non, l'intrigue peut marcher ainsi. C'est fort gai, l'amant qui passe pour le cousin. Divers auteurs dramatiques ont déjà employé ce moyen avec succès.

— On peut se rencontrer, dit M. Ponceau. Alors le dénoûment se déroule naturellement, le mari ne sait rien.

— Bravo! et tout le monde applaudit... surtout si nous avons le décor de la Placette.

— Pensez-vous que cent francs suffiraient? dit M. Ponceau.

— Non, il vaudrait mieux ne rien avoir.

— La... en faisant des économies.

— Je mets tout au plus juste prix, dit Saint-Victor. Mon décorateur est un garçon d'un immense talent; je l'ai enlevé à l'Opéra. Ce jeune homme voulait jouer à toute force la comédie; il peindra pour presque rien le décor, c'est plutôt un service qu'il me rendra.

— Une idée! s'écria M. Ponceau, je ferai un couplet final pour le maire.

— Très-bien, monsieur Ponceau, vous êtes un homme vraiment ingénieux. Pourquoi n'avez-vous pas travaillé pour la capitale? Qui est-ce qui dit que tous les gens d'esprit sont à Paris? Je voudrais qu'il vous entende, celui-là. Le couplet au maire ira parfaitement... avec le décor. Vous me le ferez chanter dans mon rôle, et, d'un geste adroit, je montre sa maison sur le décor, car elle y sera, la maison du maire...

— Un moment, le maire ne demeure pas à la Placette.

— N'importe, nous mettrons sa maison en coulisse, du *côté cour*.

— Je n'ai pas encore dit que je consentais à faire les frais du décor.

— Vous plaisantez, c'est entendu. Qu'est-ce que cent cinquante francs pour un homme aussi haut placé que vous?

— Soit, dit M. Ponceau, dont tous les scrupules étaient levés. Je voudrais cependant m'entendre avec votre décorateur.

— Vous êtes dans votre droit. Je pense aussi à une chose... Nous mettrons les maisons des gens les mieux posés de la ville; je dirai à mon décorateur d'y peindre la vôtre. A propos, serais-je bien indiscret en vous demandant la petite somme d'avance?

M. Ponceau fit la grimace.

— Les couleurs sont d'un prix exorbitant, dit Saint-Victor; je suis certain d'y mettre de ma poche.

— Eh bien, envoyez demain de bon matin chez moi, la somme sera prête.

— Ah! monsieur Ponceau, vous me comblez. Oserais-je vous prier de dîner chez moi, à l'hôtel?

— Monsieur Saint-Victor, je suis flatté, vraiment.

— Nous parlerons de votre comédie. Je ne vous donnerai pas d'esprit, vous en avez à revendre; mais j'ai passé ma vie dans le théâtre; il y a les entrées, les sorties, qui sont terribles pour quelqu'un qui n'en a pas l'habitude... Ainsi, vous daignez partager mon modeste dîner ?

— Ah! monsieur, vous êtes trop bon.

— Entre nous, je vous dirai qu'on n'est pas bien à mon hôtel, une véritable gargote où je dépense un argent fou. Nous y dînerons mal, très-mal même.

— Il y a quelque chose de plus simple, dit M. Ponceau, entraîné dans un abîme de dépenses : venez dîner chez moi.

— Ah! monsieur Ponceau!

— Mon dîner est prêt. Quand il y en a pour un, vous savez le proverbe ; et puis je préviendrai à ma pension.

— Vous êtes mille fois trop gracieux... Comment! je vous invite à dîner, et c'est vous maintenant qui...

— C'est sans façon, mon cher monsieur Saint-Victor.

— Vous me permettrez au moins de vous offrir le café.

— Merci, je n'en prends jamais.

— Alors, je ne dîne pas avec vous...

Poussé à bout, M. Ponceau accepta.

VIII

D'une lettre anonyme qui changea les plans
de comédie.

M. Ponceau demeurait alors rue de la Maîtrise,
chez d'honnêtes rentiers qui tiraient profit d'un
premier étage inoccupé en le louant à une *personne de confiance*.

Ces rentiers étaient glorieux d'être en rapport
avec un personnage de l'importance de M. Ponceau. Aussi étaient-ils aux petits soins près de lui.
On allait ouvrir pour M. le secrétaire de la mairie;
on recevait ses lettres. La maîtresse de la maison
n'était jamais plus heureuse que les rares jours où

elle pouvait pénétrer dans l'appartement de son locataire. Enfin M. Ponceau était respecté, vénéré, adoré, dorloté, pour résumer d'un mot son heureuse position de célibataire, « l'enfant chéri de la maison. »

Comme il introduisait la clef dans sa porte, suivi de son convive :

— Monsieur Ponceau ! monsieur Ponceau ! cria-t-on à l'étage au-dessous. J'ai une lettre très-pressée pour vous.

Au même instant, une grosse dame monta en soufflant les vingt-cinq marches qui séparent le premier étage du rez-de-chaussée.

— Monsieur Ponceau, c'est un petit paysan qui m'a dit de vous dire de la lire tout de suite, tout de suite.

— Je ne connais pas cette écriture, dit le secrétaire de la mairie en tournant et retournant la lettre, qui sentait le mystère.

Il ouvrit sa porte.

— Dieu ! que c'est dur, par ces temps-ci, de monter un étage, dit la grosse dame, espérant être invitée par son locataire à entrer chez lui.

M. Ponceau, peu sensible à ces insinuations, salua sa propriétaire après l'avoir remerciée, et referma sa porte.

— Vous permettez ? dit-il à Saint-Victor en dé-cachetant la lettre.

— Comment donc, mon cher ami! vous êtes chez vous.

A peine M. Ponceau eut-il lu quelques lignes, qu'il pâlit et sembla terrifié. Cependant il continua, non sans manifester la plus vive surprise. Puis il relut cette étrange lettre :

« Monsieur, je vous défends de donner à M. Saint-Victor les cent cinquante francs que vous lui avez promis pour les frais de décor de votre comédie. Cela n'empêchera pas la représentation; au contraire, il faut qu'elle ait lieu.

« Mais, si vous vous avisiez de contrevenir à mes ordres, dans huit jours la place de secrétaire de la mairie de Château-Thierry serait vacante, en *raison de votre démission*. Je vous sais assez d'esprit pour ne pas chercher à connaître l'auteur de cette lettre, qui se dit votre ami. »

M. Ponceau tomba sur une chaise.

— Qu'avez-vous, mon cher? dit Saint-Victor, auriez-vous appris la mort d'une personne chère?

— Non, dit M. Ponceau, c'est une affaire secrète d'administration.

Et il ferma soigneusement la lettre anonyme.

Le repas se ressentit de cette aventure. M. Ponceau était troublé et il fit assez froidement les honneurs du dîner à son invité.

IX

Le directeur dans l'embarras.

Les débuts de la troupe eurent lieu sans grand succès. Saint-Victor fit vingt-six francs net, les frais payés. C'est du moins ce que constata, dans un article théâtre, le *Foyer de Château-Thierry*. Toujours caché sous son terrible pseudonyme de *Diogène*, M. Ponceau déplorait le peu d'enthousiasme que les habitants de la ville manifestaient pour l'art dramatique.

« L'honorable directeur, écrivait-il, ne recule

devant aucuns frais pour plaire au public. Il choisit son répertoire avec beaucoup de tact. Nous avons remarqué mademoiselle Victorine, qui ne peut manquer, un jour ou l'autre, d'obtenir de grands succès sur les principaux théâtres de la capitale. Elle a une voix agréable, juste, perlée, et chante avec beaucoup de méthode. Célicourt a parfaitement rendu le rôle du jeune premier ; Verdelet a été très-plaisant dans un rôle sacrifié. Madame Saint-Prix ne nous en voudra pas de notre crime de lèse-galanterie. Nous aurions dû la mettre en première ligne ; mais notre plume est seule coupable. *Lapsus calami !*

« Les honneurs de la soirée ont été pour Saint-Victor, qui a mis dans son rôle autant d'entrain, de verve et de brio, que Philippe, des Nouveautés. On a crié *bis* au couplet final, et c'était justice. Espérons que les prochaines représentations seront plus profitables à notre spirituel directeur-acteur. »

— Peuh ! le méchant article ! dit Saint-Victor à Victorine.

Saint-Victor ne se faisait pas faute de critiquer M. Ponceau, depuis que celui-ci avait refusé de faire les frais de son vaudeville.

Verdelet et Célicourt entrèrent.

— Nous venons, dit le comique, au nom de toute la troupe, qui crève de faim.

— Mes pauvres *vieux*, dit Saint-Victor, je comprends ça.

— Pourquoi rester ici? Il n'y a rien à *refrire*.
A Soissons, dit Verdelet, je me rattrapais sur
l'armée. Mène-nous dans une ville de troupiers,
je ne te demanderai plus d'appointements : moi, je
suis sûr de trouver à dîner. Il n'y a pas après les
sergents-majors et les maréchaux de logis. Voilà
des gens qui comprennent le comédien et qui l'em-
mènent dîner.

— Attendez quelques jours, mes enfants.

— A Abbeville, dit Célicourt, je *serai à mon
plan*, au moins.

— J'ai remarqué, dit Verdelet, que les Abbe-
villoises ont un grand faible pour les jeunes premiers.

— Patience, nous irons, dit Saint-Victor. Mais
il faut obéir à mon itinéraire. Vous voulez donc
qu'on m'enlève mon privilége?

— Il est beau, ton privilége... Voyons, tu ne
pourrais pas nous donner vingt francs à compte à
chacun.

— Vingt francs par tête! s'écria le directeur,
ça fait deux cents francs. J'avais machiné une
petite affaire qui a fait four, malheureusement.
Savez-vous combien il m'est resté l'autre jour,
après avoir payé les pompiers, le garçon de théâtre,
le luminaire, les figurants, les habilleuses?

8

— Nous savons bien que tu ne nages pas dans l'or, dit Verdelet. Mais j'ai un moyen.

— Dis vite.

— Il y a dans cette ville un nommé Marteau-Isidore, honnête usurier de son état, qui te prête-rait volontiers.

— N'est-ce pas ce gros homme, avec le front dégarni, qui me lorgnait tant des premières? dit Victorine.

— Lui-même, des yeux de bœuf.

— J'y cours, dit Saint-Victor.

X

Un loup-cervier.

La maison de Marteau-Isidore est au bout de la
ville. On la reconnaît facilement à des barreaux de
fer ventrus qui garnissent les fenêtres. Ces barreaux, jadis fort en usage en province, disparais-
sent tous les jours. Seules, les personnes âgées qui
tiennent aux traditions de leurs ancêtres s'en servent, ou les gens d'affaires, qui se précautionnent
ainsi contre les voleurs.

Une domestique âgée vint ouvrir à Saint-Victor
et l'introduisit dans le cabinet du bourgeois. Rien

n'indiquait l'homme d'affaires. On ne voyait pas de papiers, pas de registres, et pas de cartons verts gros de dossiers.

Marteau-Isidore entra peu après d'un air souriant.

— Monsieur Saint-Victor, donnez-vous la peine de vous asseoir.

Le directeur fit les questions sanitaires d'usage et toussa légèrement avant d'entrer en matière.

Il est à remarquer que la toux joue un grand rôle dans les affaires. C'est toujours le demandeur qui tousse. Aussi un usurier parisien très-célèbre, le père Guillaume, qui avait observé chez un grand nombre de *sujets* ce symptôme, abordait-il la question en répondant : « Monsieur a besoin d'argent? »

Marteau-Isidore, que son instinct avait amené aux mêmes observations, usait d'un procédé moins franc. Il attendait froidement les premiers mots d'*argent* du demandeur.

— Vous n'avez pas eu grand monde dimanche, dit-il.

— C'est ce qui m'inquiète le plus, monsieur.

— Votre troupe marche avec beaucoup d'ensemble, cependant. Mademoiselle Victorine est ravissante.

— Oui, elle va bien ; mais elle me coûte gros.

— Ah! vraiment. Est-ce que vous êtes dans l'intention de faire un long séjour ici?

— Oui et non. Oui, si la recette va...

— Je comprends; la recette, c'est tout pour vous... Ah! que vous m'avez donc fait rire l'autre soir !

— Si je ne fais pas mes frais, je serai forcé de m'en aller ailleurs.

— Ce serait fâcheux.

— Monsieur Marteau, je vois que vous êtes ami des arts... je venais pour... une petite affaire.

— Voyons, monsieur, je suis tout à votre service.

— J'ai absolument besoin de deux cents francs à emprunter.

— Diable! dit Marteau, vous trouverez ça difficilement à Château-Thierry. La ville n'est pas riche! Attendez un peu, que je cherche à qui vous pourriez vous adresser : M. Merlot ne fait plus d'affaires; Berrinet est à Paris; le petit Parfait a renoncé à la banque... Ah! l'argent est dur à trouver aujourd'hui. Auriez-vous au moins des garanties?

— Je donnerai volontiers des hypothèques, dit Saint-Victor.

— Il fallait le dire tout de suite. Des hypothèques, c'est très-bon. On emprunte quand on veut avec des hypothèques. Quelles seraient ces hypothèques ?

— Des hypothèques sur mes représentations.

Marteau-Isidore fit un clapement de langue d'un augure fâcheux.

— Céci est autre chose, dit-il. J'entendais des hypothèques sur des biens tels que bois, terres, prés, maisons, etc. Mais des recettes ne sont pas des garanties assez sérieuses. En affaire, voyez-vous, mon cher monsieur, il faut des choses palpables. Supposons que vous ne fassiez que vos frais, que devient l'hypothèque ? On ne peut pas saisir... pardon si je parle de saisir, mais il faut penser à tout ; comme je vous le disais, on ne peut pas saisir les appointements de vos acteurs, que la loi regarde comme employés, lesquels employés seraient traités de créanciers privilégiés.

— Oh ! j'entends faire largement plus que mes frais. Nous montons dans ce moment une pièce à grand spectacle.

— Mademoiselle Victorine joue-t-elle ?

— Bien certainement, c'est mon meilleur premier rôle.

— Elle est fort bien, mademoiselle Victorine ! Elle est toute jeune, à ce qu'il ma paru ?

— Vingt et un ans.

— Y a-t-il longtemps qu'elle fait partie de votre troupe ?

— Depuis la dernière saison.

— Elle doit être très-spirituelle, car elle est fort piquante en scène ?

— De l'esprit comme un démon, répondit Saint-Victor, qui commençait à s'inquiéter de si nombreuses questions à l'endroit de sa pensionnaire... Ainsi, monsieur Marteau, vous pensez qu'il est impossible de négocier le petit emprunt dont je vous parlais ?

— J'y songe... D'ici à demain, je pourrai avoir vu quelqu'un. Venez donc sans façon à ma maison de campagne, c'est tout près... Amenez avec vous vos actrices ; nous causerons de votre affaire... Dites à mademoiselle Victorine que je l'invite spécialement.

— Monsieur Marteau, je n'y manquerai pas.

XI

Amoroso.

Pendant que le directeur épuisait son éloquence auprès du bourgeois pour *égratigner* sa bourse, ainsi qu'il le dit plus tard, Victorine, voyant de sa fenêtre Théodore dans la rue, l'appela :

— Vous ne montiez donc pas, mon ami? dit-elle.

— Je n'osais...

— Pourquoi n'osiez-vous pas ?

— Ah! si vous saviez ce qui s'est passé hier soir ?

Et Théodore raconta la querelle qu'il avait eue sur les bords de la Marne avec Marteau-Isidore.

Victorine fut indignée, quoiqu'elle ne comprît pas tout d'abord les motifs de cette querelle. Théodore hésitait à rapporter les paroles exactes du bourgeois ; mais l'actrice se douta de l'embarras du jeune homme.

— Vous ne me dites pas tout, Théodore.

Théodore ne répondit pas. Cependant, après un long silence :

— Il vous a entendue, dit-il, dans les couloirs du théâtre.

— Eh bien, n'était-ce pas tout naturel que je vous fisse des excuses ?

— Mais il vous a vue m'embrasser...

— Où est le mal ?

— Il sait que j'ai passé deux heures chez vous...

— Je devine. Il vous aura dit des *bêtises*...

— Des bêtises, non ; il prétend que...

— Que ?... reprit Victorine émue.

— Que je vous aime ! s'écria Théodore.

— Avait-il raison ? dit-elle en fixant sur le jeune homme des regard humides.

— Oh !... oui !... soupira Théodore.

— Et si je vous aimais aussi !

Théodore tomba à ses pieds et saisit ses mains.

— Mon Dieu ! j'ai peut-être tort ; vous ne m'aimerez pas longtemps, moi qui suis une fille perdue, une actrice, une comédienne, une femme qui vis avec un homme tel que Saint-Victor.

Théodore penchait sa tête sur la poitrine de l'actrice et l'inondait de ses larmes.

— Oh! mon ami, c'est que j'ai été bien malheureuse pour en arriver là... Je vous ai raconté, Théodore, le commencement de mes instincts dramatiques. La fin est courte, mais triste. Le jeune homme qui voulait me faire débuter au théâtre Chantereine devint mon amant. Au bout de six mois, il m'abandonna lâchement. Mes débuts n'avaient été applaudis que par ma mère... Je ne lui en veux pas, quoiqu'elle m'ait mis en tête toutes ces idées de théâtre... Au lieu de trouver à la salle Chantereine des directeurs, des journalistes à la piste d'un talent nouveau, je ne trouvai que des ouvriers bijoutiers et des jeunes gens sans position, qui, rejetés de toutes les classes de la société, cherchent un asile dans le théâtre. Ma pauvre mère mourut; jusque-là, j'avais vécu de son travail. Il me fallut chercher à remplir ce que j'appelais ma vocation. J'avais entendu dire qu'à Pâques tous les directeurs de la province venaient renouveler leurs troupes. J'allai me faire inscrire au bureau d'agence dramatique. C'est ainsi que je fus mise en rapport avec M. Saint-Victor. Vous savez le reste... M'aimerez-vous, maintenant?

— Je t'aimerai toujours, dit Théodore en la serrant contre son sein.

— Je quitterai la troupe, je veux rester avec toi,

toujours avec toi... Je travaillerai, je n'aimerai
plus jamais que toi, mon Théodore... Oh! dit-elle
tout d'un coup, j'entends des pas dans l'escalier,
peut-être Saint-Victor, va-t'en vite! Non, tu n'as
pas le temps! Dis que tu viens pour répéter.

— Je n'ai pas mon violoncelle, répondit Théodore tout ému.

— C'est égal... demain...

Saint-Victor entra joyeux; il regarda Théodore,
et, le saluant de la tête :

— De l'argent, dit-il, de l'argent... Demain, de
l'argent. Nini, nous sommes sauvés. Viens, que je
t'embrasse.

Comme Victorine ne répondait pas à ces élans
de joie :

— C'est ce petit qui te gêne, lui dit-il à l'oreille;
attends, je vais le congédier. Monsieur désirait me
parler ?

— Je venais chercher, monsieur, une partition
que le chef d'orchestre prétend que vous avez.

— Mon ami, le chef d'orchestre ne sait pas ce
qu'il dit. Il n'y a pas une note de musique chez
moi.

Théodore partit après avoir échangé un regard
avec Victorine. Saint-Victor raconta comment il
était à peu près certain que Marteau lui prêterait
de l'argent, après le dîner auquel Victorine était
invitée expressément. L'actrice refusa net.

— Comment, Nini ! tu refuses une partie de campagne ?

— Mais il n'y a rien de surprenant.

— Au contraire, ma petite : jusqu'alors, tu as accepté avec plaisir ces sortes d'invitations.

— Ça ne me plaît pas aujourd'hui.

— Diable ! dit Saint-Victor, moi qui ai promis en ton nom !

— Vous remercierez beaucoup ce monsieur.

— Allons ! ma chère, tu es dans les moments d'humeur noire ; tu viendras. D'ailleurs, tu as jusqu'à demain pour réfléchir.

— Demain, je répondrai comme à cette heure.

— C'est bon, c'est bon ; je cours chez l'imprimeur revoir mon affiche.

Au pied de l'escalier, Saint-Victor rencontra son chef d'orchestre.

— Pourquoi donc envoies-tu chercher de la musique chez moi ?

— Quelle musique ? Je n'ai envoyé personne chez toi.

— Bah ! tout à l'heure la basse est venue de ta part.

— Quelle basse ?

— Le petit jeune homme avec qui Victorine a eu des mots à la répétition.

— Je ne sais pas, dit le chef d'orchestre, ce que tu veux dire.

— Ce jeune homme prétend que tu l'as envoyé chercher une partition chez moi.

— Elle est bonne, la *balançoire!* répondit le chef d'orchestre en éclatant de rire.

— Une balançoire! dit d'un air sombre Saint-Victor.

XII

Perfidies de Marteau-Isidore.

Le lendemain, toute la bande des comédiens se mit en route pour le château de Martin-Isidore. Saint-Victor contrastait par son humeur avec ses pensionnaires, mis en gaieté par l'espérance d'un bon dîner.

Le directeur avait espéré décider Victorine à l'accompagner, mais toutes ses remontrances furent inutiles.

— Je t'y forcerai bien, dit-il avec violence.

— Monsieur, répondit l'actrice, ce n'est pas dans mon engagement.

Lassé de tant de résistance, Saint-Victor partit, ayant l'espérance de revenir de la campagne un peu plus riche que devant.

A trois quarts de lieue de Château-Thierry, les comédiens aperçurent un bâtiment en mauvais état, que le père de Marteau-Isidore avait acheté, au dire des gens du pays, pour un *morceau de pain*, lors de la Révolution. Le propriétaire de ce *château* était assis devant la grille avec son ami, M. Ponceau. Il accourut au-devant des artistes dramatiques.

— Eh bien, dit-il au directeur, vous n'amenez pas mademoiselle Victorine?

— Elle est indisposée, et elle m'a chargé de vous faire agréer ses excuses.

Le bourgeois fit une grimace qui pouvait se traduire ainsi: « Ce n'était pas la peine de venir! » Puis il reprit d'un ton de reproche:

— Vous avez amené tous ces messieurs?

— Ne l'aviez-vous pas entendu ainsi? dit Saint-Victor.

— Si fait, répondit Marteau, dont l'intonation démentait les paroles.

— Ils sont très-gais à table, souffla le directeur à l'oreille du bourgeois.

— Je m'en doute bien!

— Tous joyeux convives; il y en a un qui fait le calembour dans la perfection.

Ce programme de divertissements ne parvint pas à dérider le front chauve du bourgeois, qui répondit :

— Je suis vraiment fâché ! une affaire importante me force de partir immédiatement.

— Oh ! s'écria la bande craignant pour le dîner.

— Ça ne fait rien : M. Ponceau fera les honneurs de chez moi ; n'est-ce pas, monsieur Ponceau ? dit Marteau-Isidore en donnant à celui-ci un coup de coude significatif.

M. Ponceau ne comprenait rien à ce départ subit.

— Oui, il le faut absolument : c'est pour votre affaire, dit Marteau ; je dois voir quelqu'un.

— Il ne faudrait pas vous déranger pour si peu ; est-ce que demain il ne serait plus temps ?-dit Saint-Victor.

— Non, non ; c'est plus important que vous ne le croyez.

— Alors l'affaire marche donc ?

— Je vous rendrai réponse ce soir.

— Où ? demanda Saint-Victor.

— Ici ; je reviendrai vous prendre.

Marteau-Isidore tira M. Ponceau à l'écart, lui donna ses instructions sans le mettre plus avant dans la confidence de son départ, et monta en voiture.

Pendant que les comédiens ouvraient à deux

battants les portes de leur appétit et qu'ils mettaient au pillage la cave du bourgeois, celui-ci descendait de voiture à la porte de Château-Thierry ; il traversa les derrières de la ville, et se rendit mystérieusement à l'auberge du *Soleil d'or*.

Victorine était seule. En entendant frapper à sa porte, elle alla ouvrir. Son étonnement fut grand quand elle reconnut le bourgeois.

— Mademoiselle, dit-il, je désire vous entretenir d'une affaire intéressante pour vous et pour moi.

— Asseyez-vous, monsieur.

— M. Saint-Victor se trouve dans une situation embarrassée, d'après ce qu'il m'a dit ; vous pourriez l'en tirer facilement.

— Monsieur, je ne vous comprends pas.

— Je suis riche! dit le bourgeois.

— Ah! répondit froidement l'actrice.

— Je ne tiens pas beaucoup à prêter de l'argent à M. Saint-Victor...

— Monsieur, tous ces détails m'inquiètent fort peu.

— Mais je serais trop heureux de vous offrir...

— N'achevez pas, monsieur! Faut-il que je sois assez bas placée pour vous donner le droit de m'offenser ?...

— Eh bien, est-ce que nous nous fâchons pour si peu ? demanda Marteau-Isidore.

— Monsieur, sortez à l'instant!

— Ah! la belle, vous êtes farouche! Sans doute le jeune Théodore vous aura fait la leçon?

Victorine tourna le dos au bourgeois, qui continua sans trop se déconcerter :

— Vous persistez dans votre refus?... Voyons, Victorine, le sort de la troupe est dans vos mains.

— Monsieur, je vous ai prié de sortir.

— Alors, adieu, ma toute belle, et ne vous en prenez qu'à vous de ce qui arrivera.

Marteau-Isidore ouvrit la porte ; mais ce n'était qu'une fausse sortie. Après quelques minutes d'attente :

— Avez-vous bien réfléchi? dit-il en passant sa tête par la porte entre-bâillée.

Pour toute réponse, Victorine courut d'un bond à la porte, et la ferma violemment sur le dos du provincial séducteur ; puis elle tira le verrou, craignant que le bourgeois n'eût des velléités de remonter.

Après deux heures d'absence, Marteau-Isidore était de retour à sa maison de campagne. Les invités avaient mis à profit son absence, ainsi qu'il était facile de s'en apercevoir à leur état d'expansion. La duègne s'était débarrassée du châle boiteux qui couvrait des épaules aussi jaunes et ridées qu'un parchemin sur des charbons : elle faisait force agaceries à son affreux petit chien, qui se promenait dans les assiettes.

Célicourt, le jeune premier maigre, était arrivé à cet état de torpeur qui distingue le boa pendant sa digestion. L'infortuné comédien croyait, en mangeant beaucoup, changer sa phthisie en embonpoint.

L'actrice dans une position embarrassante servait de preuve aux opinions des matrones : elle avait eu des *envies* de tous les plats.

Le nez de Verdelet ressemblait par le ton à une robe de cardinal. Verdelet était franchement comique ; lui seul avait la parole : il poussait l'audace jusqu'à critiquer le pantalon nankin de M. Ponceau le critique.

— Mon ami, dit-il à Marteau-Isidore, qui surprit les comédiens dans cet état de béatitude extrême, je voudrais pouvoir vous citer des vers de tragédie analogues à la circonstance de votre retour ; mais je n'ai jamais rempli que des rôles de gardes, personnages muets, comme vous savez... C'est égal, vous pouvez vous vanter d'avoir une cave crânement garnie, ce qu'on appelle des vins *capitaux*.

Saint-Victor, qui avait conservé plus de sang-froid, cherchait en vain à connaître, dans les lignes roides et froides de la figure de son hôte, les résultats de sa négociation.

— J'ai à vous parler, mon cher directeur.

— Comment donc! à la minute! répondit Saint-Victor, qui sentait déjà l'argent crever ses poches.

— Si ces messieurs et ces dames désirent faire un tour de jardin? demanda Marteau.

La troupe se leva bruyamment de table à cette invitation.

— Mon cher, dit Marteau-Isidore, je suis désespéré; je n'ai rien pu obtenir.

Saint-Victor fut atterré.

— La personne qui pourrait tout dans cette affaire n'a pas voulu conclure au dernier moment.

— Il n'y a donc plus d'espoir? demanda le directeur.

— Je ne crois pas... C'est, du reste, une personne que vous connaissez bien.

— Que je connais bien! répéta Saint-Victor. Je ne connais personne à Château-Thierry... Serait-elle de Soissons?

— Dame! je ne peux pas vous dire : elle demande le secret.

— Quel secret? dit Saint-Victor inquiété.

— Vous l'apprendrez peut-être plus tôt que vous ne le pensez.

— Quelle comédie jouons-nous là, monsieur Marteau?

— Écoutez, je suis franc avec mes amis. Effectivement on joue la comédie avec vous depuis quelques jours, mais pas à votre bénéfice.

— Monsieur Marteau, expliquez-vous.

— Eh bien, prenez garde au jeune...

Le bourgeois s'arrêta pour produire tout son effet.

— Au jeune?... reprit Saint-Victor sur les épines.

— A un jeune musicien de votre connaissance. Je ne vous en dis pas davantage.

Après ces confidences, le bourgeois s'empara du bras de M. Ponceau, indiquant par là qu'il désirait cesser la conversation. Saint-Victor s'arrêta un moment comme écrasé sous cette avalanche de malheurs. Sans doute le courage lui revint tout d'un coup, car, profitant d'un moment où la société tournait une allée, il rebroussa brusquement chemin et s'enfuit à toutes jambes.

— Ah! on joue la comédie avec moi! pensait-il en arpentant à grands pas la route qui mène à Château-Thierry; je comprends tout maintenant!

Plus le malheureux directeur réfléchissait aux insidieuses paroles de Marteau, plus vite il allait. La jalousie est l'éperon du cœur. Saint-Victor trouva à la porte de l'hôtel le garçon de théâtre qui semblait attendre.

— Est-il venu quelqu'un chez moi pendant mon absence?

— Non, monsieur.

Saint-Victor respira à pleins poumons.

— Tu es bien sûr? Tu es toujours resté dans l'auberge?

— Cependant, monsieur, il est venu M. Marteau-Isidore.

— Hein? Marteau – Isidore?... s'écria Saint-Victor. C'est bon! Va-t'en au théâtre.

Avant de monter à sa chambre, le directeur réfléchit quelques instants. La conduite mystérieuse, la visite, les dernières paroles du bourgeois, se mêlaient dans son esprit. Saint-Victor, malgré son répertoire d'intrigues, perdait la tête. Bien certain d'apprendre la vérité en interrogeant Victorine, il hésitait.

— Bah! se dit-il, du courage!

Et il monta résolûment l'escalier. Victorine travaillait.

— J'en sais de belles! dit-il en se posant en premier rôle de mélodrame; tu me prends donc pour un niais, pour un aveugle, pour un père-dindon?

— Qu'avez-vous, monsieur, à rouler ainsi les yeux?

— Réponds-moi tout de suite! lui dit-il, en lui serrant les mains.

— Ah! vous me faites mal!

— N'importe! Qu'est venu faire ici le jeune

homme qui joue du violoncelle? Il est déjà venu deux fois. Réponds !

— Lâchez-moi les mains, ou je ne réponds pas !

Saint-Victor obéit en jurant.

— J'avais prié M. Théodore de venir répéter chez moi son solo ; vous vous rappelez que je l'avais offensé à la répétition, et, selon vos ordres, je lui fis des excuses.

— Pourquoi me demandait-il de la musique de la part du chef d'orchestre, quand le chef d'orchestre m'a affirmé ne pas lui avoir parlé ?

— C'est tout simple ; je veux chanter un grand air avec accompagnement de violoncelle ; je croyais avoir la musique dans mes malles, ce jeune homme a été assez aimable pour venir la chercher.

— Ce n'est pas très-clair, dit Saint-Victor en faisant la moue ; mais nous verrons plus tard. Est-il venu quelqu'un cette après-midi ?

— Un bourgeois de la ville qu'on appelle M. Marteau, je crois.

— Ah ! s'écria Saint-Victor, tu l'avoues donc, celui-là ?

— J'avoue la vérité.

— Ainsi, c'était convenu d'avance... C'est pour cette raison que tu ne voulais pas venir à sa maison de campagne... L'invitation était une ruse... Vous me preniez pour dupe !... Ah ! mais je ne suis point un Bartholo, et j'ai pris des précautions qui ne seront point inutiles ! Je n'ai point usé ma vie sur les planches pour rien !

— Puisque je ne vous cache...

— Et tu crois que je me laisserai ainsi bafouer par ce rentier imbécile, qui refuse même de me prêter une somme minime ?

— C'est moi qui n'ai pas voulu, dit Victorine.

— Comment ! toi ?

— Oui, sans doute ; M. Marteau ne m'a-t-il pas offert de vous tirer d'embarras en me livrant à lui ? Ne suis-je pas assez déshonorée par cet infâme métier d'actrice, par les liens qui m'enchaînent à vous, sans être obligée encore de payer vos dettes avec mon corps ? Vous jouez la colère, et c'est vous qui l'envoyez, convenez-en... Mais il ne reviendra plus, votre envoyé : je l'ai mis à la porte !

— Comment ! s'écria Saint-Victor, il est venu te faire des propositions ?... Ah ! en effet, je me rappelle ce qu'il me disait tout à l'heure dans son jardin... Il est bien audacieux ! C'est lui qui m'a dit de me défier du violoncelle.

— C'était pour mieux vous tromper.

— Attends, dit Saint-Victor ; pour mieux te prouver que j'ignorais sa démarche, je vais lui écrire une lettre à cheval.

Saint-Victor écrivit :

« Monsieur,

« Victorine m'a tout dit. Furieux d'être re-poussé, vous avez voulu me donner le change et me faire soupçonner la vertu de ma pensionnaire.

» Vous m'offririez à cette heure les deux cents francs, que je les refuserais. Il faut que vous soyez natif de Château-Thierry, pour croire qu'on achète une actrice avec une somme aussi misérable.

» Je vous remercie malgré tout, au nom de mes camarades, du dîner que vous nous avez offert.

» Croyez, monsieur, au sincère respect de votre tout dévoué.

» SAINT-VICTOR. »

XIII

Première représentation d'un chef-d'œuvre
de clocher.

Les affaires du pauvre directeur prenaient une
tournure de plus en plus fâcheuse. Trois représentations avaient manqué; la caisse était aussi sonore
qu'une cloche. Saint-Victor essaya inutilement des
emprunts auprès de quelques provinciaux : ceux-ci
n'ont qu'une maigre confiance dans les arts.

Les hôteliers, impayés, harcelaient nuit et jour
les comédiens, qui, pour s'en débarrasser, les en-
voyaient à leur directeur. Moins on a d'argent,
plus on en entend parler. Saint-Victor, malgré ses
ruses de Ragotin, ses ressources dignes de Quinola,

et ses tours supérieurs à ceux de maître Gonin, commençait à perdre la tête.

Désespéré, il alla trouver M. Ponceau, avec qui il était en froid, et lui proposa de monter sa pièce sans frais. A cette offre inespérée, M. Ponceau dressa les oreilles. Les promesses de la lettre anonyme se réalisaient : il accepta. Un matin, les habitants de Château-Thierry lurent sur tous les coins de mur cette affiche :

PAR PERMISSION DE M. LE MAIRE,

LA TROUPE DÉPARTEMENTALE,

sous la direction

DE M. SAINT-VICTOR,

donnnera, pour la clôture, une représentation extraordinaire

composée de

UN DÉJEUNER A CHATEAU-THIERRY

comédie-vaudeville, en un acte,

PAR UN AMATEUR DE CETTE VILLE,

avec un décor entièrement neuf.

———

« L'administration, jalouse de conquérir les suffrages du public, n'a reculé devant aucuns frais. Le spirituel auteur de cet ouvrage ayant jugé à propos de ne pas livrer son nom à ses concitoyens, M. Saint-Victor ose espérer que le public de Château-Thierry accueillera cette production avec autant de plaisir que les ouvrages dramatiques de la capitale. »

Cette affiche obtint un grand succès de curiosité.

Le soir, au café, il ne fut bruit que de *l'amateur
de la ville* qui avait le courage d'affronter les périls
du théâtre.

Victorine, après ce qui s'était passé, écrivit un
billet à Théodore ; elle le priait de ne plus revenir
chez elle, à cause des soupçons de Saint-Victor.
Elle terminait ainsi :

« Aimez-moi, mon cher Théodore, aimez-moi
comme je vous aime. Pour vous, je quitterai le
théâtre, qui cependant m'a rendu quelquefois si
heureuse ! Je renoncerai pour vous à mon avenir
dramatique. O mon Théodore ! ne manque pas à
la répétition ! Là, du moins, je peux te regarder, te
voir, ne voir que toi en toute confiance. Quand je
joue, il me faut envoyer des sourires, des regards
à mon maître, le public : dis-moi que tu es jaloux
du public.

» Adieu, je te baise mille fois. Réponds une
longue lettre par le garçon de théâtre, le seul à qui
j'ose me confier. »

Cette lettre, un quart d'heure après, était entre
les mains du rusé directeur, qui, se défiant de tout
le monde, avait établi une surveillance active autour
de sa maîtresse.

Il la lut attentivement, la recacheta avec soin.

— Va la porter à son adresse, dit-il au garçon
de théâtre, et attends la réponse, que tu me re-
mettras.

Le messager revint une heure après avec une lettre.

« Victorine, disait Théodore, je suis heureux plus que tu ne saurais l'imaginer... J'ai pleuré en lisant ta lettre ; j'ai pleuré de joie, car tu m'aimes, je le vois. Dis, veux-tu que nous partions ensemble bien loin ? Ma mère me donnera de l'argent.

» Non, je ne suis pas jaloux du public, de ces quatre cents têtes qui te dévorent des yeux, qui couvent de leurs regards tes jambes et tes bras nus. Non, je ne suis pas jaloux du public, quoique tu sois obligée de lui sourire en montrant tes belles dents blanches. Le public, vois-tu, c'est quatre cents bourgeois qui te convoitisent ensemble. Une telle majorité ne me rendra jamais inquiet.

» Mais celui-là qui me fait lever la nuit en crispant les poings, celui-là que je voudrais tuer, parce qu'il t'a possédée, parce qu'il te possède encore, tu sais son nom... Il me fait souvent pleurer de rage !

» Pourquoi faut-il que tu restes plus longtemps avec lui ? Sans cet homme, nous pourrions nous voir, nous parler. Un mot de toi, et je brise la barrière.

» Puisque tu m'aimes, Victorine, je veux t'entendre, je veux te causer d'amour. Le jour de cette grande représentation, essaye de me donner un rendez-vous. Il devra être très-occupé, très-affairé ; tu m'enverras un mot à l'orchestre.

» Adieu, mon âme ! Je vais être bien malheureux jusque-là. Je t'aime ! »

— Bon ! dit Saint-Victor, voilà un petit jeune homme bien féroce pour son âge ; nous le mettrons à la raison.

La lettre fut portée à Victorine, qui la lut avec autant d'avidité qu'un homme dans le désert boit un verre d'eau. Elle ne se doutait guère que cette correspondance passait par six mains.

Enfin le jour de la première représentation advint. L'arrêt du parlement qui exila les jésuites sous Louis XV, les ordonnances de Juillet, troublèrent moins les esprits à Paris que cette représentation à Château-Thierry.

Dans la journée, on envoya louer trois loges.

Trois loges louées à l'avance ! Événement miraculeux s'il en fut jamais !

Saint-Victor oublia ses chagrins domestiques, et fit répandre dans la ville que *tout* était loué. Aussi, vers quatre heures du soir, une queue, cet appendice vivant exclusivement réservé à Paris, une queue se forma-t-elle aux portes du théâtre, quoique le prix des places eût été augmenté. Les *premières* coûtaient un franc vingt centimes, les *secondes*, un franc. Rien n'avait arrêté la curiosité des habitants de Château-Thierry.

D'ordinaire, les pompiers de service entrent d'avance. Les personnes les mieux posées de la ville firent des bassesses auprès d'eux pour leur faire accepter leur mouchoir. Chaque pompier était porteur d'une cinquantaine de mouchoirs, à seule fin de *marquer* des places.

A la porte, les conversations étaient aussi tumultueuses et orageuses qu'aux premières représentations d'un drame ronflant sur le boulevard du Temple.

Six heures sonnèrent : c'était l'heure d'ouverture marquée sur les affiches. Les portes s'ouvrirent : un troupeau de béliers à qui l'on tenterait de barrer le passage serait moins terrible que cette foule de provinciaux curieux.

Saint-Victor était au contrôle, gracieux et souriant. Près de lui se tenait le commissaire de police, essayant en vain de ramener l'ordre dans cette foule agitée. Les faubourgs avaient envoyé de nombreux représentants pour cette solennité. A tout moment les flots d'individus grossissaient et menaçaient d'envahir les quatre planches qui servaient à garer le directeur des irruptions du public. Le commissaire de police, dont les fonctions habituelles et placides sont de sévir contre les laitières qui tentent l'introduction en province des laits chimiques de Paris, se croyait en pleine émeute. Un moment, ses croyances firent place à une terrible réalité. Un paysan, qui avait été condamné sur son réquisitoire à la justice de paix, profita du tumulte et du gros de la foule pour donner un croc-en-jambe au malheureux fonctionnaire public, qui ne se retira que tout meurtri et contusionné.

La salle de spectacle n'offrait pas à l'intérieur un coup d'œil moins piquant. En province, l'ouvreuse de loges est sinon inconnue, du moins rare. Tous se précipitaient, tête baissée, dans les loges, les hommes les premiers. Les dames se plaignaient hautement du peu de galanterie de *ces messieurs*. Mais la galanterie est si rare chez les masses !

Les propriétaires de mouchoirs, ceux qui avaient corrompu les pompiers, ne retrouvaient plus leurs marques. On se disputait tout haut; divers duels furent proposés. Verdelet, en spectateur prudent, regardait cette confusion par les *yeux* du rideau. Il résuma ainsi cette foule :

— Château-Thierry a bu, dit-il.

Les amateurs et les musiciens, qui jouissent de leurs entrées, eurent toutes les peines du monde à se faire rendre leurs tabourets.

Quand la majorité eut pris place, Saint-Victor céda sa place de contrôleur à un homme de confiance, car il lui fallait s'habiller pour la première pièce.

10

— Il reste, lui dit-il, trois loges réservées, j'ai dit qu'elles étaient louées. Effectivement, j'attends le sous-préfet, le juge de paix, le directeur des contributions, à qui j'ai porté moi-même des billets en gants blancs. Les gants blancs parlent d'eux-mêmes... Ces messieurs doivent payer leurs places triples. Si, par hasard, ils ne venaient pas, vous vendriez les places doubles à n'importe qui, vous entendez?

Saint-Victor prit le couloir qui mène au théâtre.

— Ah ! dit-il en revenant, commencez à compter l'argent et envoyez-moi à chaque dix minutes un petit bonhomme avec le total de la recette.

Sur le théâtre régnait aussi la plus grande agitation. Les trois machinistes, triplant leur importance, couraient de ci et de là, dans les combles et dans les caves, et semblaient une armée de machinistes à une première représentation de féerie.

M. Ponceau n'avait pu garder son incognito dans les coulisses. Il était tour à tour en sueur et glacé, pâle et rouge.

— Comment ! dit-il au directeur, vous n'êtes pas habillé pour ma comédie ?

— Mon cher, vous perdez la tête. Vous ne passez qu'en second. Vous savez bien qu'il y a un petit vaudeville pour lever de rideau.

— Ah ! c'est vrai... Comptez-vous sur un succès?

— Vous le verrez bien.

— J'ai peur maintenant ! s'écriait M. Ponceau, dont l'orgueil littéraire avait disparu.

Dans un coin de l'orchestre, Théodore, son violoncelle entre les jambes, jetait les yeux sur le trou du rideau par lequel une petite main blanche passait. Il avait reconnu la main. Tout d'un coup elle disparut ; M. Ponceau venait d'aborder Victorine.

— Comment trouvez-vous votre rôle ?

— Je vous l'ai déjà dit, fit-elle impatientée.

— Bien écrit, n'est-ce pas ?... Vous le savez, hein ?... Croyez-vous que ça marchera ?

— Dame, dit Victorine, on ne sait jamais.

— Place au théâtre ! cria le régisseur.

Tout le monde s'enfuit. On frappa les trois coups. Les acteurs jouèrent un vaudeville de M. Scribe. Pendant cette représentation, le sous-préfet prit possession d'une des loges réservées. Saint-Victor ne put réprimer un sourire, quoiqu'il fût en scène, dans un rôle triste. En rentrant dans la coulisse, il trouva le petit bonhomme envoyé par le contrôleur.

— Monsieur, quatre cent trente francs, dit le petit.

— Bon ! bon ! ça va ! s'écria Saint-Victor en se frottant les mains.

Après la première pièce, M. Ponceau apparut

plus pâle qu'un condamné qui marche au sup-
plice. Son succès allait se décider. Il aborda Verdelet.

— Mon ami, savez-vous votre rôle?

— Pas beaucoup, dit le comique se plaisant à
rembrunir encore les horizons dramatiques du no-
vice auteur.

— Diable! il faudra prévenir le souffleur...
Croyez-vous que ça marchera?

— Eh! eh! dit Verdelet en faisant la moue.

L'infortuné secrétaire de la mairie retourna vers
Saint-Victor, qui collationnait les *accessoires* avec
le garçon de théâtre. M. Ponceau offrait de nombreux points d'analogie avec les débutants litté-
raires, qui, en voyant leur premier article imprimé, s'effrayent d'une virgule oubliée.

— Avez-vous préparé la lettre? demanda-t-il à
Saint-Victor.

— Oui, la voilà.

— Je ne vois pas le pâté! s'écria M. Ponceau.

— Ah! vous nous ferez mourir! nous n'en
sommes pas au pâté.

— Comment allons-nous faire? dit encore
M. Ponceau; Verdelet ne sait pas bien son rôle.

— Allez trouver le souffleur, dit Saint-Victor,
qui ne savait comment se débarrasser du secrétaire de la mairie.

M. Ponceau s'élança sur les traces du souffleur.

— Et la robe de chambre? dit Saint-Victor au garçon d'accessoires.

— J'en ai été emprunter une à M. Matra. Il ne voulait pas trop ; il a bien recommandé qu'on n'y fasse pas de taches.

— Bah ! où sont les flambeaux?

— Personne de la ville n'avait ce qu'il fallait... Je les ai trouvés chez un fripier qu'on a fait entrer pour la peine.

— Diable de Ponceau, il me ruine avec ses accessoires. Voyons, j'appelle sur la liste... Des pincettes... Les voilà, mettez-les au second plan de la coulisse, côté jardin, afin que je les aie sous ma main à la quatrième scène... Une pile d'assiettes à casser, voici ; faites attention à les recevoir adroitement quand je les jetterai par la fenêtre... Fichtre ! il ne s'agit pas ici de casser pour cinq francs de terre de pipe.

M. Ponceau était parvenu à trouver le souffleur. Le souffleur était l'actrice enceinte, qui n'avait pas de rôle dans la pièce.

— Ah ! je vous trouve, *souffleur*, dit M. Ponceau confondant les sexes dans son agitation. Verdelet ne sait pas un mot de son rôle.

— Que si : il a répété ce matin sans manuscrit ; c'est lui qui a le plus de mémoire...

— Tant mieux !... Je vous recommande bien mon ouvrage, souffleur... Faites bien attention...

Je serais perdu si les acteurs manquaient leurs rôles... Croyez-vous que la pièce marchera ?

— Peut-être... Il faudra l'enlever... Il n'y a pas assez d'intérêt, les scènes languissent. A votre place, je ferais des coupures.

— Oh ! qu'est-ce que vous me proposez ? s'écria M. Ponceau en s'éloignant furieux de ces idées de mutilation.

Le petit bonhomme remontait en ce moment près de Saint-Victor.

— Quatre cent cinquante-trois francs, dit-il. Il n'y a plus qu'une loge vide.

— Bravo ! mon garçon. Aussitôt qu'on aura pris cette loge, rapporte-moi la caisse dans ma loge, je veux avoir tout mon argent à la fois. Vite, sauve-toi..

Le régisseur frappa les trois coups.

On entendit un grand cri dans les frises :

— Attendez ! attendez !

L'orchestre jouait, en guise d'ouverture, un pont-neuf très-connu.

— Qu'est-ce qu'il y a ? dit Saint-Victor.

— La robe de chambre !... cria la voix. Fichue bête de garçon de théâtre... Je descends.

Quelques minutes après, Verdelet apparut tout effaré, en caleçon et du rouge sur une joue.

— Il y a qu'on m'apporte une robe de chambre jaune.

— Eh bien, dit M. Ponceau, tant mieux, le mari trompé, c'est la couleur, ça fera même très-bien...

— Vous ne savez ce que vous dites ! s'écria Verdelet. On me donne une robe de chambre unie, entendez-vous ? une robe—de—cham—bre u—nie.

— Tu as raison, dit Saint-Victor, il faut des ramages.

Le chef d'orchestre, ayant terminé son ouverture, avait frappé, ainsi qu'il est de coutume, de son archet sur la boîte du souffleur pour prévenir le machiniste qu'il lève la toile. La toile restant dans son immobilité, le public commença à s'impatienter. Le parterre faisait entendre sa marche de pieds dont le rhythme est partout le même :

— Plan plan, plan plan plan ; plan plan, plan plan plan...

— Comment faire ? disait sur le théâtre M. Ponceau.

— Il faut absolument des ramages... répondait Saint-Victor. Il en est beaucoup question dans la pièce... Je chante...

Le public sifflait en continuant la marche des pieds.

— Je chante un couplet sur cette robe de chambre... La pointe est sur le ramage, c'est le plus joli couplet de la pièce.

— Supprimons le couplet, dit Verdelet.

M. Ponceau faillit s'évanouir.

— On ne peut pas : toute une scène roule sur cette robe de chambre à ramages, dit-il.

— As-tu de l'encre? dit Verdelet à Saint-Victor.

— Oui, il y en a sur la table.

Le comique s'empara de l'encrier, plongea son doigt dedans, et, en peu de temps, dessina des ornements noirs sur l'étoffe jaune.

— Arrêtez, dit le garçon de théâtre quand ces embellissements furent presque terminés, c'est la robe de chambre à M. Matra.

— Après? dit froidement Verdelet en continuant la besogne.

— Il a tant recommandé de ne pas faire de taches !

— C'est pas des taches, ça... des agréments noirs.

Le public était au comble de la colère. Aux cris des animaux, qui font passer le temps agréablement, avaient succédé des menaces de projectiles.

— Au rideau !... cria Saint-Victor. Verdelet, en scène avec ton balai.

Le rideau se leva lentement, et la colère du public tomba aussitôt. Jamais un drame de M. Victor Hugo n'éveilla autant de curiosité.

Pendant que Verdelet disait son monologue, le

petit messager courut à Saint-Victor, qui, de-
bout dans la coulisse, se préparait à faire son entrée.

— Monsieur, on veut vous parler tout de suite
à la porte...

— Je ne peux pas, c'est impossible.

— Il le faut, monsieur, il y a des huissiers...

A ce mot d'huissier, Saint-Victor tressaillit. Le
contrôleur arrivait en même temps par le petit
escalier enfumé du théâtre.

— Saint-Victor, on saisit la recette.

— Ah! grands dieux! s'écria le malheureux
directeur en descendant l'escalier.

Verdelet terminait un couplet. Ne voyant pas
venir Saint-Victor, il regarda dans la coulisse. Le
directeur n'y était pas.

— *C'est bien, c'est bien*, souffla le souffleur,
apportez ma malle dans cette chambre.

Ces paroles devaient être dites à la *cantonade*,
c'est-à-dire au dehors. Personne ne répéta les
paroles.

Le souffleur ressouffla. Rien.

Verdelet, visiblement embarrassé, se frottait les
mains en scène, et, ne comprenant rien à ce manque d'entrée, essayait d'improviser : *Eh! eh! j'entends mon maître qui crie.*

Le public, qui n'entendait aucun maître crier,
commença de murmurer. Verdelet alla vers la cou-

lisse et se trouva nez à nez avec M. Ponceau, qui fondait d'inquiétude.

— Où est-il ? lui dit-il très-bas.

— Je n'en sais rien... Il tue ma pièce.

Un vigoureux sifflet, parti de la bouche d'un spectateur mécontent, confirma les craintes de M. Ponceau.

— Pschttt ! silence ! à la porte ! fit la foule en majorité.

Le public, féroce comme un tigre, n'aime pas à dévorer une pièce dès la première scène. Il préfère couver des yeux sa victime, la voir haleter, râler, et il ne donne le coup de dent définitif qu'après s'être repu des angoisses du condamné.

— Parlez à la cantonade, dit Verdelet à M. Ponceau ; Saint-Victor ne peut pas être loin.

— *C'est bien, c'est bien*, dit M. Ponceau dans la coulisse, *apportez ma malle dans cette chambre.*

La foule, qui crut reconnaître une voix du pays, dressa les oreilles. Les acteurs, les habilleuses, les pompiers, tous les employés du théâtre, qui écoutaient dans les coulisses, furent tellement intrigués, que, d'un commun accord, ils avancèrent la tête sur la scène.

— Coulisses ! coulisses ! crièrent cinquante voix des secondes.

— Silence ! à la porte, à la porte ! Pschttt !

— Où en est-on ? dit Saint-Victor à M. Ponceau en apparaissant tout effaré, le rouge enlevé, la perruque contorsionnée.

— Mon Dieu ! vous voilà, dit M. Ponceau, on en est à la cantonade.

Saint-Victor répéta pour la troisième fois les paroles que les spectateurs avaient déjà entendues de la bouche du souffleur ou de M. Ponceau. Saint-Victor entra en scène. Il jouait un rôle de mari trompé sous le nom de *Derval*.

— *Ah ! vous voilà, mon maître*, dit Verdelet-Champagne ; *la voiture ne vous a pas trop fatigué ?* Remettez donc votre perruque droite, lui dit-il tout bas.

— *Qu'a-t-on fait pendant mon absence ?* Les voleurs d'usuriers !

— *Mais j'ai bu, j'ai mangé, j'ai dormi comme à l'ordinaire.*

L'orchestre entama une ritournelle. Pendant ce temps-là, les deux acteurs en scène causaient à voix basse.

— D'où viens-tu donc, Saint-Victor ?

— Tiens, vois-tu l'huissier qui est là, qui attend ? Ah ! je ne peux plus y tenir, tâche de finir la scène tout seul.

Là-dessus, Saint-Victor sortit, laissant le comique très-embarrassé de chanter un couplet qui n'était pas dans son rôle.

— Au nom de qui la saisie est-elle faite? demanda Saint-Victor à l'huissier.

— Monsieur, ce sont vos billets impayés à Soissons, qui ont été passés à l'ordre de M. Marteau-Isidore, lequel m'a chargé d'exécuter la saisie.

— Je veux voir cet homme tout de suite, ou je ne joue pas ; je fais du scandale si on ne me rend pas la recette.

— Je suis désolé, monsieur, d'accomplir mon ministère jusqu'au bout, mais je ne puis aller contre les ordres du poursuivant.

— Quelqu'un aperçoit-il M. Marteau dans la salle? demanda Saint-Victor au premier venu dans la coulisse.

— Oui, il est à l'orchestre.

— Qu'on l'aille chercher à la minute, bon gré, mal gré.

Marteau avait calculé la vengeance comme les gens de province calculent tout. Il n'y a rien au monde que les sauvages, les paysans et les gens de province, a dit M. de Balzac, pour étudier à fond leurs affaires dans tous les sens ; aussi, quand ils arrivent de la pensée au fait, trouvez-vous les choses complètes. Marteau-Isidore avait des relations d'argent avec les banquiers de Soissons. Les créanciers soissonnais de Saint-Victor avaient obtenu un jugement contre lui et avaient fait demander des renseignements au bourgeois, qui, quoique n'étant pas banquier de nom, se livrait à ces opérations. Ces renseignements arrivaient à point à Marteau, qui ne fit aucun bruit et qui paya sourdement les Soissonnais pour entrer en possession des créances. Jusqu'alors les recettes n'avaient eu aucun résultat pécuniaire pour que Marteau s'inquiétât de faire saisir ; mais il avait deviné que la représentation extraordinaire porterait ses fruits, et il avait chargé son huissier de mettre arrêt sur la caisse.

Il s'empressa de se rendre à l'invitation de Saint-Victor, qui attendait impatient en frappant convulsivement le plancher de son pied.

— Que vous faut-il, monsieur, dit Saint-Victor, pour arranger l'affaire ?

— Je vous l'ai dit à la campagne, répondit froidement le bourgeois.

Et du doigt il montra Victorine, en scène en ce moment.

— C'est impossible...

— Il n'y a pourtant que ce moyen... Je déchire aussitôt les titres.

— Elle ne consentira jamais...

— Ceci me regarde.

— Laissez-moi réfléchir jusqu'à la fin de la pièce.

— A votre aise, monsieur.

— Je vous attendrai dans ma loge.

La pièce allait à bâtons rompus. L'incident du

commencement avait mis le désordre partout, dans la salle et sur la scène. Les murmures devenaient de plus en plus violents, le public s'apercevant que le titre : *Un déjeuner à Château-Thierry*, pouvait s'appliquer à toutes les villes de France.

M. Ponceau était disparu dans les coulisses.

Quand vint le fameux couplet final :

> Si Diogène eût pu voir
> Le maire qui nous gouverne,
> Sans peine on doit concevoir
> Qu'il eût éteint sa lanterne.

Ce couplet à allusion ne put désarmer le public, qui siffla avec autant d'ardeur qu'un régiment de fifres. On remarquait, parmi les plus acharnés siffleurs, M. Matra, qui avait reconnu sa robe de chambre enjolivée par Verdelet.

— Ma chère Victorine, dit Saint-Victor quand la toile fut baissée, il faut que je parte cette nuit pour Soissons ; nos affaires vont mal... On a obtenu un jugement contre moi : je serai de retour demain. Adieu !

Il s'en alla à sa loge. Aussitôt Victorine écrivit ce billet à Théodore :

« Viens ce soir, mon Théodore, une heure après le spectacle. Il est parti pour Soissons. Je t'attends avec impatience. »

— Monsieur, dit le garçon de théâtre en cognant à la loge où Saint-Victor causait avec Marteau-Isidore, voilà encore un billet de madame.

— Bien! tu peux le porter à son adresse.

Le directeur remonta à sa loge.

— Tenez, dit-il au bourgeois, voici la clef de ma chambre; j'ai annoncé mon départ à Victorine... Vous entrerez après le spectacle.

Marteau-Isidore croisa les deux mains, et fit l'échange des billets contre la clef.

— Mais, dit Saint-Victor en déchirant les billets, je doute que Victorine...

Le bourgeois hocha la tête avec fatuité.

— Il faut que vous héritiez de tous mes sentiments... Vous connaissez le jeune violoncelle.

— Ah! Théodore? dit le bourgeois.

— Il a un rendez-vous ce soir. C'est un terrible rival.

— Nous arrangerons cela. Y a-t-il une croisée qui donne sur la rue?

— Est-ce que vous avez l'intention de le jeter par la fenêtre?

— Pas le moins du monde.

Il y a une croisée, dit Saint-Victor.

— C'est bien! Donnez-moi un garçon de théâtre.

Le directeur appela le garçon de service et lui enjoignit d'obéir aux ordres de M. Marteau, qui s'en alla tranquillement en se faisant suivre.

En relevant le décor du fond, on trouva M. Ponceau blotti derrière. L'insuccès du *Déjeuner à Château-Thierry* avait déteint sur toute sa personne; il était plus pâle qu'un moribond.

— Est-ce qu'on siffle encore? dit-il.

La ville était calme. Marteau donnait à la porte de l'hôtel ses instructions au garçon de théâtre.

— Tiens, voilà cent sous... Tu resteras à la porte de la chambre de M. Saint-Victor... Une jeune dame doit venir: laisse-la passer sans rien dire... Ensuite un jeune homme : sous aucun prétexte il ne doit entrer... Il insistera; tu es fort : ne le bats pas, descends-le au bas de l'escalier, et invite-le poliment à regarder la fenêtre.

Le bourgeois entra dans la chambre, alluma les bougies, et s'abandonna aux douces angoisses de l'attente, en riant à la lune. Une heure se passa : Victorine ne vint pas... Il se fit du bruit dans l'escalier. Marteau se tint à la fenêtre et vit la longue silhouette du violoncelle.

Théodore marchait à grands pas, très-étonné du conseil que lui avait donné le garçon de théâtre de regarder à la fenêtre : il ne s'expliquait plus le billet si positif de Victorine.

— Un homme ! s'écria-t-il en apercevant Marteau à la fenêtre.

— Votre serviteur ! répondit d'une voix railleuse le bourgeois. Bonsoir, monsieur Théodore!

Le pauvre garçon s'affaissa sur lui-même. Après quelques minutes, il se releva et s'enfuit à toutes jambes.

A une réunion prochaine de la Société philharmonique, un vieil alto dit :

— Pauvre Théodore! sa mère est très-inquiète... On ne sait pas encore ce qu'il est devenu... Comment jouerons-nous maintenant nos quatuors de Haydn ?

— Ah! les actrices! les actrices! fit le bonhomme Marteau, qui assistait à cette répétition.

— Et nos gages? dit une clarinette. Filou de Saint-Victor, qui s'est sauvé avec la recette!

Une larme pendit aux cils de Marteau-Isidore.

Qui pourra dire jamais de quelle source cachée sortait cette larme de Marteau l'escompteur? Était-ce le souvenir d'une nuit d'attente? était-ce la pensée de la fuite de Victorine, ou celle du bonheur du jeune Théodore ?

N'était-ce pas plutôt l'amer regret de la recette de Saint-Victor, si habilement saisie et si juvénilement rendue?

FIN.

TABLE DES MATIÈRES.

—

FIN DE LA TABLE.

AVIS.

La petite collection dont ce volume est le spécimen est connue à l'étranger sous le nom de *Collection Hetzel*, et elle est déjà riche, dans le passé, de 200 volumes dus aux plus célèbres romanciers contemporains.

Des traités sérieux assurent à cette collection, pour l'étranger, la collaboration souvent exclusive des écrivains qui sont depuis longtemps en possession de la faveur publique, et celle des talents nouveaux qui se sont produits en France depuis quelques années.

Le but de cette publication a été de conserver à la littérature française les débouchés que la contrefaçon lui avait créés, et de combattre cette contrefaçon sur les terrains encore très-nombreux qui lui sont restés ouverts.

La partie de cette collection qui se publie à Paris ne contient que très-accidentellement des romans ; elle porte le titre de *Collection Hetzel et Lévy*, et se compose plus particulièrement d'œuvres de genre et de fantaisie dont la longueur ne dépasse pas ordinairement l'étendue d'un de ces petits volumes. Néanmoins, elle contient le théâtre d'Émile Augier et toutes les poésies de Victor Hugo.

Le format à la fois élégant et portatif de cette double collection a l'avantage de réunir sous un petit volume, et dans un texte cependant très-lisible, des œuvres contemporaines qui ne sont pas assez étendues pour composer un volume format Charpentier, — ou celles qui, en raison même de leur qualité plus exclusivement littéraire, ne visent pas au succès de vulgarité que les éditions format Charpentier à 1 franc le volume sont trop souvent obligées d'atteindre.